MEUS PRÊMIOS

THOMAS BERNHARD

Meus prêmios

Tradução
Sergio Tellaroli

Copyright do texto © 2009 by Suhrkamp Verlag Frankfurt am Main

This translation was supported by the Austrian Federal Ministry for Education, Arts and Culture.
Esta tradução foi apoiada pelo Ministério Federal Austríaco para Educação, Arte e Cultura.

Grafia atualizada segundo o Acordo Ortográfico da Língua Portuguesa de 1990, que entrou em vigor no Brasil em 2009.

Título original
Meine Preise

Capa
Victor Burton

Imagem de capa
Andrej Reiser/ Suhrkamp Verlag

Imagens das pp. 104, 106, 107 e 108
© Suhrkamp Verlag Frankfurt am Main

Preparação
Márcia Copola

Revisão
Isabel Jorge Cury
Renata Del Nero

Dados Internacionais de Catalogação na Publicação (CIP)
(Câmara Brasileira do Livro, SP, Brasil)

Bernhard, Thomas
    Meus prêmios / Thomas Bernhard ; tradução Sergio Tellaroli.— São Paulo : Companhia das Letras, 2011.

Título original: Meine Preise.
ISBN 978-85-359-1939-4

1. Bernhard, Thomas   2. Escritores austríacos - Século 20 - Autobiografia 3. Prêmios literários I. Título.

11-07933   CDD-838.91409

Índice para catálogo sistemático:
1. Escritores austríacos : Memórias autobiográficas   838.91409

[2011]
Todos os direitos desta edição reservados à
EDITORA SCHWARCZ LTDA.
Rua Bandeira Paulista, 702, cj. 32
04532-002 — São Paulo — SP
Telefone (11) 3707-3500
Fax (11) 3707-3501
www.companhiadasletras.com.br
www.blogdacompanhia.com.br

Sumário

MEUS PRÊMIOS

O Prêmio Grillparzer, 9
A dotação do Círculo Cultural da Confederação Alemã da
Indústria, 18
O Prêmio Literário da Cidade Livre e Hanseática de Bremen, 27
O Prêmio Julius Campe, 40
O Prêmio Nacional Austríaco de Literatura, 52
O Prêmio Anton Wildgans, 66
O Prêmio Franz Theodor Csokor, 71
O Prêmio Literário da Câmara Austríaca do Comércio e da
Indústria, 77
O Prêmio Büchner, 82

DISCURSOS

Discurso por ocasião da outorga do Prêmio Literário da Cidade
Livre e Hanseática de Bremen, 89

Discurso por ocasião da outorga do Prêmio Nacional Austríaco, 92

Discurso por ocasião da outorga do Prêmio Georg Büchner, 94

Sobre meu desligamento, 97

Sobre esta edição, 101

MEUS PRÊMIOS

O Prêmio Grillparzer

Para a outorga do Prêmio Grillparzer da Academia de Ciências, em Viena, precisei comprar um terno, porque, duas horas antes da solenidade, compreendi de repente que não podia comparecer àquela cerimônia sem dúvida extraordinária trajando calça e suéter, de modo que, com efeito, no chamado Graben, tomei a decisão de ir ao Kohlmarkt, a fim de me paramentar adequadamente e, munido de tal propósito, dirigi-me à loja de confecções masculinas que ostentava o sugestivo nome de Sir Anthony, a qual, por ter diversas vezes efetuado ali minhas compras de meias, eu conhecia tão bem e cujo salão adentrei às nove e quarenta e cinco, sendo que a outorga do Prêmio Grillparzer estava marcada para as onze, ou seja, eu tinha muito tempo. Embora pretendesse comprar um terno pronto, queria o melhor, lã pura na cor grafite, além de meias combinando, uma gravata e uma camisa da marca Arrow, muito fina, com listras em cinza e azul. Todos sabem como é difícil se fazer entender de imediato nessas lojas mais finas, onde, ainda que o cliente diga logo o que deseja, e da maneira mais precisa, ele é de início encarado com incredulidade, até que repita seu pedido. Mas é claro que, mesmo depois disso, o vendedor com quem falei não me compreendeu. Assim sendo, também quando dessa minha visita à Sir Anthony, demorou mais que o necessário para que eu fosse conduzido ao setor em questão. Na verdade, graças a minhas compras de meias, eu conhecia bem a loja e sabia melhor que o vendedor onde encontrar o terno que procurava. Dirigi-me à seção que continha os referidos ternos e apontei para um exemplar bastante específico, que o vendedor retirou do cabide para me mostrar. Examinei a qualidade do tecido e fui logo experimentar o terno no provador. Curvei-me para a frente e para trás algumas vezes, e concluí que a calça me servia. Vesti o paletó, girei outras tantas vezes diante do espelho, ergui os braços, baixei-os: assim como a calça, o paletó me servia. Vestindo ainda o terno, caminhei alguns passos pela loja e aproveitei a oportunidade para escolher a camisa e as meias. Por fim, anunciei que levaria o terno, no corpo mesmo, e que queria vestir também a camisa e as meias. Escolhi uma gravata, passei-a em torno do pescoço, apertei-a o mais que pude, tornei a me avaliar no espelho, paguei e fui embora. A calça velha e o suéter foram embalados numa sacola com a inscrição *Sir Anthony*, e, com a sacola na mão, atravessei o Kohlmarkt com o propósito de ir ter com minha tia, com quem havia combinado encontrar-me no restaurante Gerstner, na Kärntnerstrasse, primeiro andar. No Gerstner, pretendíamos ainda comer um ou dois sanduíches pouco antes da solenidade, com o intuito de prevenir qualquer náusea ou mesmo um desmaio no decorrer do procedimento. Minha tia, que já estava lá, classificou de aceitável minha metamorfose, emitindo seu famoso *pois bem*. Eu próprio, até essa data, passara anos sem usar terno, apresentando-me até então sempre de calça e suéter; mesmo ao teatro, quando ia, ia apenas de calça e suéter, de preferência uma calça cinza de lã e um suéter vermelho-vivo de pele de ovelha, tricotado com pontos grossos, que um americano bem-humorado me dera de presente logo depois da guerra. Nesses trajes, lembro-me bem, viajei algumas vezes para Veneza e, numa dessas ocasiões, fui ao célebre Teatro La Fenice, a uma encenação do *Tancredi* de Monteverdi dirigida por Vittorio Gui, mas estive também com a mesma calça e o mesmo suéter em Roma, Palermo, Taormina, Florença e em quase todas as capitais europeias, à parte o fato de que aquelas eram as peças de roupa que eu quase sempre usava em casa, e, quanto mais gastos a calça e o suéter, mais eu gostava de vesti-los; durante anos a fio as pessoas me conheceram naquela calça e naquele suéter, e ainda hoje os amigos antigos me perguntam pela calça e pelo suéter, os mesmos que uso há mais de 25 anos. De repente, no Graben, como disse, e duas horas antes da outorga do Prêmio Grillparzer, senti de súbito que aquelas peças de roupa, que ao longo de décadas haviam se transformado numa espécie de extensão do meu corpo, não eram apropriadas a uma homenagem vinculada ao nome de Grillparzer, a ser realizada na Academia de Ciências. Ao sentar-me no Gerstner, tive a sensação repentina de que a calça estava muito apertada, mas, pensei comigo, é sempre assim quando a calça é nova, também o paletó me parecia agora apertado demais, o que, tornei a pensar, era normal. Pedi um sanduíche e, para acompanhar, um copo de cerveja. Minha tia perguntou-me quem, antes de mim, já havia recebido o tal Prêmio Grillparzer, e, de pronto, ocorreu-me apenas o nome de Gerhart Hauptmann, informação que eu lera certa vez, quando, aliás, ficara sabendo da própria existência do Prêmio Grillparzer. O prêmio não é concedido regularmente, e sim *conforme o caso*, expliquei, pensando comigo que o intervalo entre as premiações costumava ser de seis ou sete anos, ou talvez de apenas cinco, não sabia bem, não sei até hoje. Naturalmente, também aquela premiação me deixou nervoso, motivo pelo qual tentei distrair a mim e a minha tia do fato de que faltava apenas meia hora para o início da cerimônia e relatei a ela a monstruosidade, minha decisão, tomada em pleno Graben, de comprar um terno novo para a ocasião e a naturalidade com que me dirigira à loja do Kohlmarkt onde era possível adquirir ternos ingleses das firmas Chester Barry e Burberry. Já que ia comprar um terno pronto, voltei a pensar, por que não comprar logo um terno de primeira? E assim eu vestia agora um terno da firma Barry. Minha tia tocou o tecido e ficou satisfeita com a qualidade inglesa. Tornou a dizer seu famoso *pois bem*. Sobre o corte, não disse nada. Era clássico. Ela estava muito feliz pelo fato de a Academia de Ciências outorgar-me naquele dia seu Prêmio Grillparzer, disse, e orgulhosa também, mas sentia-se mais feliz que orgulhosa, completou, levantando-se, ao que eu a segui restaurante afora, descendo a Kärntnerstrasse. Uns poucos passos nos separavam da Academia de Ciências. A sacola com a inscrição *Sir Anthony* repugnava-me profundamente, mas eu não podia fazer nada. Vou me desfazer dela antes de entrar na Academia de Ciências, disse a mim mesmo. Para lá se dirigiam também uns poucos amigos, que não queriam perder a homenagem, e nós os encontramos no saguão de entrada da Academia. Muitas pessoas se achavam reunidas ali, e parecia que o salão nobre já estava lotado. Os amigos seguiram seu caminho, e olhamos em volta, à procura de alguma personalidade encarregada de nos receber. Circulei algumas vezes com minha tia, mas ninguém nos deu a menor atenção. Bom, vamos entrar, eu disse, pensando comigo que, no interior do salão, alguma personalidade haveria de nos receber e encaminhar, a mim e a minha tia, a nossos lugares. Tudo no saguão sugeria uma grandiosa solenidade, e, de fato, eu tinha a sensação de que meus joelhos tremiam. Tanto quanto eu, minha tia procurava com os olhos por alguma personalidade encarregada de nos receber. Em vão. Assim sendo, postamo-nos simplesmente à porta de entrada do salão nobre e ficamos à espera. As pessoas, porém, espremiam-se para passar por nós e, com frequência, nos abalroavam, forçando-nos a perceber que havíamos escolhido o local menos propício para nossa espera. Pensamos: mas, afinal, ninguém virá nos receber? Entreolhamo-nos. O salão já estava quase totalmente tomado, e, aliás, com o propósito único de me outorgar o Prêmio Grillparzer da Academia de Ciências, pensei comigo. E ninguém aparece para receber a mim e a minha tia. Em seus 81 anos, ela estava maravilhosa, uma mulher elegante, inteligente e, naquele momento, mais corajosa que nunca, pareceu-me. No palco, lá na frente, alguns músicos da filarmônica já haviam ocupado seus postos, e tudo sugeria que a cerimônia estava para começar. Nossa presença, no entanto, que deveria constituir o centro daquilo tudo, ou assim pensávamos, ninguém havia notado. Foi então que, de súbito, tive uma ideia: Nós entramos, eu disse a minha tia, sentamo-nos ali no meio do salão, onde ainda há lugares vagos, e esperamos. Entramos, pois, no salão, e escolhemos dois lugares vagos a meio caminho do palco, fazendo com que muitas pessoas precisassem se levantar e reclamassem conosco, conforme nos esprêmiamos para passar por elas. E lá estávamos nós, sentados na décima ou décima primeira fila, à espera, bem no meio do salão nobre da Academia de Ciências. Todos os chamados convidados de honra já haviam se acomodado. Mas a solenidade, é claro, não começava. E só eu e minha tia sabíamos por quê. No palco, lá na frente, cavalheiros agitados corriam de um lado para outro a intervalos cada vez menores, como se procurassem alguma coisa. E, de fato, procuravam, isto é, procuravam por mim. Aquele vaivém dos cavalheiros no palco durou algum tempo, ao longo do qual uma inquietação se esparramou pela sala. Enquanto isso, até a ministra das Ciências já chegara e se acomodara na primeira fila. Ela fora recebida e conduzida a seu assento pelo presidente da Academia, que se chamava Hunger.* Outra fileira de assim chamados dignitários, gente que eu desconhecia, também tinha sido recepcionada e levada àquela primeira ou à segunda fila. De repente, vi um senhor no palco sussurrar alguma coisa ao ouvido de outro senhor, ao mesmo tempo que, com o braço esticado, apontava para a décima ou décima primeira fila, e só eu sabia que ele apontava para mim. Passou-se, então, o seguinte. O senhor que sussurrara alguma coisa ao ouvido do outro senhor e apontara para mim atravessou o salão, veio precisamente até minha fileira e, uma vez nela, abriu caminho até mim. Ora, disse ele, por que o senhor, que é o protagonista desta homenagem, sentou aqui, e não lá na frente, na primeira fila, onde nós — e "nós" foi de fato o pronome que ele utilizou — reservamos dois lugares, um para o senhor, outro para sua acompanhante? Por que isso?, tornou a perguntar, e foi como se todos os olhares no salão houvessem se voltado para mim e para aquele senhor. O presidente, disse ele, solicita que o senhor venha para a frente; por favor, venha para a frente, senhor Bernhard, seu lugar é ao lado da senhora ministra. Pois não, respondi-lhe, se é tão simples assim, eu vou, mas, claro, só vou para a primeira fila depois de convidado *pessoalmente* pelo presidente Hunger; é evidente, só depois que o presidente Hunger *em pessoa* me convidar a fazê-lo. Minha tia assistia em silêncio àquela cena, todos os convidados olhavam para nós, e o senhor tornou a abrir caminho pela fila, foi em direção ao palco e, lá na frente, sussurrou alguma coisa ao ouvido do presidente Hunger, ao lado da senhora ministra. A seguir, eclodiu grande alvoroço, o qual só não se transformou em coisa bem pior graças aos músicos da filarmônica, que beliscavam as cordas de seus instrumentos, e vi o presidente Hunger vindo em minha direção. Agora, pensei comigo,

---

* Em alemão, o substantivo *Hunger* significa "fome". (N. T.)

seja firme, mantenha-se inflexível, corajoso, coerente. Não se mostre acolhedor, assim como acolhedores, no verdadeiro sentido da palavra, tampouco eles se mostraram. Quando chegou a mim, o presidente Hunger disse que lamentava; o que, exatamente, ele lamentava, não me disse. Pediu-me então que, por favor, eu fosse com minha tia para a primeira fila, uma vez que meu lugar e o de minha tia eram aqueles entre o da senhora ministra e o dele próprio. Seguimos, pois, minha tia e eu, o presidente Hunger até a primeira fila. Então, depois de havermos nos sentado e de um murmúrio indefinido percorrer todo o salão nobre, a cerimônia pôde enfim começar. Creio que a filarmônica tocou uma peça de Mozart. Depois, seguiram-se alguns discursos sobre Grillparzer, uns mais extensos, outros menos. Em dado momento, ao olhar para ela, vi que a senhora ministra Firnberg — era esse o seu nome — adormecera, fato que também não escapara ao presidente Hunger, uma vez que a ministra roncava, baixinho mas roncava, roncava o suave ronco ministerial, famoso no mundo todo. Minha tia acompanhava a chamada solenidade com grande atenção, vez por outra olhava para mim, assentindo, quando uma formulação em algum discurso soava demasiado parva ou apenas demasiado cômica. Tínhamos, nós dois, nossa experiência inesquecível. Por fim, depois de cerca de uma hora e meia, o presidente Hunger se levantou, subiu ao palco e anunciou a outorga do Prêmio Grillparzer, concedido a mim. Leu algumas palavras de louvor a meu trabalho, não sem mencionar duas ou três peças de teatro supostamente de minha autoria, as quais, no entanto, eu jamais escrevera, e enumerou uma série de celebridades europeias agraciadas com o Prêmio Grillparzer antes de mim. O sr. Bernhard recebia o prêmio por sua peça *Ein Fest für Boris* [Uma festa para Boris] (a mesma peça que, um ano antes, havia sido pessimamente encenada pelo Burgtheater no teatro da Academia), disse Hunger, que em seguida abriu os braços, como se pretendesse me abraçar. Era o sinal para que eu subisse ao palco. Levantei-me e caminhei até o presidente. Ele apertou minha mão e me entregou o chamado diploma, de um mau gosto insuperável, comum, aliás, a todas as outras premiações que recebi na vida. Eu não tinha a intenção de dizer nada ali no palco, e nada me foi exigido. Assim, para sufocar meu embaraço, murmurei apenas um breve *Obrigado!*, desci rumo à plateia e tornei a sentar. Em seguida, também o sr. Hunger se acomodou, e os músicos da filarmônica executaram uma peça de Beethoven. Enquanto tocavam, pus-me a refletir sobre toda aquela recém-concluída solenidade, de uma singularidade, de um mau gosto e de uma desconsideração de que, naturalmente, eu ainda nem tomara consciência. Mal os músicos terminaram de tocar, a ministra Firnberg e, de pronto, também o presidente Hunger rumaram de volta para o palco. Agora, estavam todos de pé no salão, comprimindo-se em direção ao palco e, é claro, também da ministra e do presidente Hunger, que conversava com ela. Desconcertado e sem saber o que fazer, eu me postara com minha tia logo ali ao lado, e ouvíamos o falatório cada vez mais agitado das cerca de mil pessoas presentes. Passado algum tempo, a ministra olhou em torno e, numa voz de inimitáveis arrogância e estupidez, perguntou: *Mas cadê o escritorzinho?* Eu estava bem ao lado dela, mas não ousei me identificar. Puxei minha tia e saímos dali. Sem que ninguém nos impedisse ou mesmo nos dispensasse a menor atenção, deixamos a Academia de Ciências por volta da uma da tarde. Lá fora, amigos nos aguardavam. Com eles, fomos comer na chamada Gösser Bierklinik. Um filósofo, um arquiteto, as respectivas esposas e meu irmão. Só gente divertida. Já não lembro o que foi que comemos. Quando, durante o almoço, me perguntaram de quanto era o prêmio, dei-me conta efetivamente de que a premiação não envolvia nenhuma soma em dinheiro. Foi somente então que passei a sentir de fato minha humilhação como um ato do mais desavergonhado descaramento. Afinal, o Prêmio Grillparzer da Academia de Ciências era uma das maiores honrarias que um austríaco podia receber, disse alguém à mesa, creio que o arquiteto. Uma monstruosidade, comentou o filósofo. Meu irmão, como sempre acontecia nessas ocasiões, permaneceu em silêncio. Depois do almoço, tomado pela súbita sensação de que o terno recém-adquirido era apertado demais, não pensei muito: fui até a loja do Kohlmarkt, ou seja, à Sir Anthony, e declarei, num tom enérgico mas não desprovido da máxima gentileza, que desejava trocá-lo, que o terno que, como era sabido, eu havia acabado de comprar era no mínimo um número abaixo do meu. Foi minha determinação que fez com que o vendedor abordado se encaminhasse imediatamente à seção da qual saíra meu terno. Sem nenhuma contestação, ele permitiu que eu me enfiasse em outro terno de modelo idêntico, só que um número maior, e de pronto tive a sensação de que aquele, sim, me servia. Como pudera, poucas horas antes, acreditar que o de número menor me servira? Levei as mãos à cabeça. Agora, sim, trajava o terno de número efetivamente adequado e, sentindo grande alívio, fui embora. Quem comprar o terno que acabo de devolver jamais saberá que ele já me acompanhou à outorga do Prêmio Grillparzer da Academia de Ciências de Viena, pensei comigo. Era um pensamento absurdo. E foi esse pensamento absurdo que me fez recobrar o ânimo. Passei uma tarde prazerosa com minha tia, com quem volta e meia ria do fato de que, na Sir Anthony, haviam trocado meu terno sem demora, embora eu já o tivesse usado quando da outorga do Prêmio Grillparzer da Academia de Ciências. Que o pessoal da Sir Anthony do Kohlmarkt tenha sido tão solícito é coisa que jamais vou esquecer.

A dotação do Círculo Cultural da Confederação Alemã da Indústria

No verão de 1967, passei três meses internado no hospital para doenças pulmonares que ficava, e fica ainda hoje, bem ao lado do manicômio de Steinhof, em Viena, mais exatamente no pavilhão Hermann, onde sete quartos abrigavam dois ou três pacientes cada um, os quais, ainda durante minha estada lá, morreram todos, à exceção de mim e de um estudante de teologia. É necessário que eu mencione esse fato, porque ele é simplesmente imprescindível para o relato a seguir. De novo, como tantas vezes antes, eu deparava com o limite da minha existência, e os médicos me deixavam na mão. Deram-me não mais que uns poucos meses de vida, talvez um ano, na melhor das hipóteses, e eu me conformei com meu destino. Rasgaram-me logo abaixo da laringe, com o intuito de retirar dali uma amostra de tecido, deixando-me por seis semanas com a certeza de que eu haveria de morrer de câncer, até que perceberam que o que eu tinha, de todo modo uma enfermidade vinculada a uma doença pulmonar incurável, era a chamada sarcoidose, diagnóstico que, de resto, até hoje não pôde ser confirmado com segurança; é, portanto, com essa hipótese que sigo existindo até os dias que correm e, como creio, mais intensamente que nunca. Naquela época, no pavilhão Hermann e entre candidatos certeiros à morte, eu, tanto quanto eles, me conformara com a proximidade do fim. Foi um verão bastante quente, eu me lembro, e explodia naquele momento o conflito que entrou para a história como a Guerra dos Seis Dias, entre Israel e Egito. A uma temperatura de trinta graus, os pacientes jaziam à sombra nos leitos, todos eles, na realidade, desejando a própria morte, tanto quanto eu a minha, e de fato, como disse, em consonância com seu desejo, todos morreram, um após o outro, inclusive o ex-policial Immervoll, que, deitado no quarto vizinho ao meu, enquanto pôde vinha diariamente a meu quarto jogar vinte e um, ele ganhava, eu perdia, durante semanas a fio ele ganhava e eu perdia, até que ele morreu, e eu não. Praticantes apaixonados do vinte e um, matávamos o tempo jogando, e jogamos vinte e um até ele morrer. Apenas três horas depois de jogar comigo a última partida e ganhar, estava morto. Na cama a meu lado jazia um estudante de teologia, a quem, em poucas semanas entre a vida e a morte, eu transformei para sempre num cético e, portanto, assim creio, num bom católico. Minhas teses contra o catolicismo beato, eu as fundamentava diante dele com exemplos extraídos do próprio hospital, do dia a dia de médicos, irmãs e pacientes, e com base também nos padres repugnantes que circulavam por toda a Baumgartner Höhe, as colinas a oeste de Viena; não me foi difícil abrir os olhos daquele discípulo a meus ensinamentos. Acredito até que seus pais ficaram gratos por aquelas lições ministradas com paixão; como bem sei, seu filho não se tornou um teólogo — talvez um católico extraordinário, mas não um teólogo: ele é hoje, infelizmente tenho de dizê-lo, um socialista assaz fracassado, posto de lado e relegado à inação, como todos os demais na Europa Central. Proporcionou-me grande alegria, porém, pôr às claras, elucidar de fato aquele Deus a que ele se aferrava tão incondicionalmente, despertar o cético adormecido em seu leito de hospital, o que contribuiu para despertar a mim também, em meu leito de hospital, ensejando talvez minha própria sobrevivência. Se relato esse episódio, é porque, quando me lembro da assim chamada dotação do Círculo Cultural da Confederação Alemã da Indústria, ele ressurge com toda a clareza, o calor infernal daquele hospital em pleno verão, com toda a sua desesperança. Vejo os pacientes e seus familiares, uns e outros com aquela desesperança a apertar-lhes cada vez mais o pescoço, a perfídia dos médicos, a beatice das irmãs, meras figuras atrofiadas naqueles corredores fedorentos e sufocantes de hospital, vileza, histeria e disposição para o sacrifício postas em igual medida a serviço da aniquilação de seres humanos, e, no outono, ouço ainda os milhares, dezenas de milhares de gralhas russas sobrevoando o edifício, escurecendo e obscurecendo o céu vespertino, arruinando os ouvidos de todos os pacientes com seu grasnido. Vejo os esquilos apanhando as centenas de lenços de papel cheios de catarro arremessados, pelos doentes do pulmão e, depois, correndo feito loucos na direção das árvores. Vejo o famoso professor Salzer, que, vindo da cidade para a Baumgartner Höhe, passeia pelos corredores, a fim de, com sua célebre elegância salzeriana, remover os lóbulos dos pulmões dos pacientes na sala de operação, ele, que se especializara em laringes e meias caixas torácicas e vinha com frequência cada vez maior à Baumgartner Höhe, onde um número cada vez maior de pacientes ostentava cada vez menos laringes e cada vez menos caixas torácicas. Vejo como todos reverenciam o professor Salzer, embora ele não fizesse milagres e somente com a melhor das intenções e a máxima habilidade cortasse e mutilasse os pacientes, e como, toda semana, de acordo com um plano cuidadosamente traçado e no exercício de sua arte maior, mandava para a cova bem mais cedo que o normal as vítimas de sua prática, embora o professor Salzer, expoente máximo em sua área de atuação, não tivesse culpa nenhuma disso, muito pelo contrário: ele, sua arte e sua elegância eram movidos única e exclusivamente por um elevado, por um elevadíssimo, senso ético. Todos queriam ser operados pelo professor Salzer, que era tio de meu amigo Paul Wittgenstein, todos queriam ser operados pelo eminente catedrático vindo da cidade e tão inacessível que, postadas diante dele, as pessoas perdiam a voz. "O professor está vindo", dizia-se, e já o hospital inteiro se transformava em local sagrado. A Guerra dos Seis Dias entre Israel e Egito estava no auge quando recebi de minha tia, que, naquele calor abrasador, enfrentava diariamente uma viagem de duas horas, de bonde, para ir me visitar, carregando quilos de jornais até a Baumgartner Höhe, o primeiro exemplar de *Perturbação*. Eu, contudo, estava fraco demais para me alegrar com aquilo, ainda que por um instante que fosse. Que não me alegrasse, que não me orgulhasse do livro tão bem impresso, que eu mal conseguira erguer, deixou admirado meu estudante de teologia. Minha tia ficava comigo durante todo o horário de visita, muitas vezes segurando a tigela na altura do meu queixo, quando, depois das assim chamadas intervenções, eu vomitava. Ali jazia eu, pois, com a mesma incisão abaixo da laringe que exibiam os moribundos à minha esquerda e à minha direita, quando recebi a notícia de que caberia a mim a chamada dotação do Círculo Cultural da Confederação Alemã da Indústria. Esbocei essa introdução, antes triste que divertida, porque quero explicar por que motivo essa assim chamada dotação me foi, naquele momento, mais bem-vinda que qualquer outra coisa. Para que o hospital me aceitasse — e precisei ser internado no hospital da Baumgartner Höhe! —, eu havia tido de desembolsar já de início a quantia de 15 mil xelins, soma de que naturalmente não dispunha e que minha tia me adiantou. É claro que eu pretendia pagar a ela tão logo quanto possível, razão pela qual, assim que me internaram no hospital da Baumgartner Höhe, escrevi para meu editor a propósito desse dinheiro, ou, para ser exato, não para o editor em si, mas para sua assistente, manifestando o desejo de que ele transferisse 2 mil marcos para minha conta. E, de pronto, dois ou três dias depois daquela minha solicitação, recebi de fato a quantia de 2 mil marcos. Assim sendo, escrevi à assistente, comunicando-lhe que agradeceria de imediato ao editor pelos 2 mil marcos, ao que, então, mal tendo eu enviado a carta, ela me telegrafou: *não agradecer editor!* — por quê, eu não sabia. Descobri que *ela* havia me antecipado os 2 mil marcos, retirados de sua própria conta-corrente, uma vez que o editor não se mostrara disposto a fazê-lo. É deprimente precisar levantar 15 mil xelins tão somente para ser aceito numa enfermaria da morte, mas assim eram as coisas, essa era a situação. E, em resumo, foi numa tal situação que chegou a notícia de que caberia a mim a dotação do Círculo Cultural da Confederação Alemã da Indústria. A premiação aconteceria no outono, não lembro se em setembro ou outubro. De todo modo, apenas dois ou três dias depois de ter recebido alta do hospital, viajei para Regensburg, para cuja Câmara Municipal estava prevista a entrega do prêmio. Além de mim, receberia a dotação a poeta Elisabeth Borchers. Fui para Regensburg com as pernas ainda fracas e munido de uma pequena bolsa a tiracolo de meu avô. Durante essa minha viagem a Regensburg, Danúbio acima, eu pensava sem parar nos 8 mil marcos, na enorme soma em dinheiro que iria receber. De olhos fechados, sonhava com aqueles 8 mil marcos e imaginava a bela cidade que me aguardava. Meu destino final era o hotel Thurn und Taxis, ou seja, um endereço famoso. Por toda a viagem, a saúde frágil fazia com que, volta e meia, minha cabeça tombasse na direção da janela do compartimento; o Danúbio, o gótico, os imperadores alemães, pensava eu sem cessar, mas, toda vez que acordava de meu cochilo, a primeira coisa que me vinha à cabeça eram os 8 mil marcos. Não conhecia o sr. Rudolf de le Roi, o porta-voz do Círculo Cultural da Confederação Alemã da Indústria que me propiciara a referida dotação. Era provável, pensava comigo, que ele soubesse da minha enfermidade e que, por causa dela, houvesse me arranjado aquele prêmio. A ideia me diminuía, porque, afinal, eu gostaria muito de receber a dotação por *Perturbação* ou por *Frost* [Gelo], e não pelo *Morbus Boeck*, mais conhecido como sarcoidose. Não podia, porém, elucubrar daquela maneira; proibi-me de depreciar aquela dotação antes mesmo de havê--la recebido. Doderer e Gütersloh foram agraciados antes de você, disse a mim mesmo, nomes de peso, escritores importantes, embora nenhuma dessas duas grandezas literárias me fosse, ou pudesse ser, acessível. Três dias atrás, você estava deitado num leito de hospital; agora, está a caminho de Regensburg, onde o gótico te espera, pensei comigo. O Danúbio estreitava-se cada vez mais, a paisagem fazia-se mais e mais encantadora, até que por fim, quando ela de súbito voltou a se mostrar erma, cinzenta e insípida, lá estava Regensburg. Desembarquei e fui direto para o hotel Thurn und Taxis. Era, de fato, um hotel de primeira classe para uma cidade como aquela. Gostei dele, senti-me bem de imediato, aliás; afinal, desde o princípio, não estava sozinho ali, e sim em companhia de Elisabeth Borchers, a quem já encontrara certa vez em Luxemburgo, num daqueles muitos encontros de poetas, como se diz, aos quais eu ia quando tinha cerca de vinte anos de idade. Não senti, portanto, de modo algum, o tédio que, em geral, sempre me assola em hotéis do mundo todo, quando estou sozinho. Sabia que Elisabeth Borchers era uma pessoa inteligente, uma dama charmosa, reputação que se confirmou da maneira mais esplêndida. Juntos, batemos pernas pela cidade, rimos animadamente e aproveitamos a oportunidade que nos foi dada de desfrutar de uma noite descontraída. Não até tarde, naturalmente, porque minha enfermidade logo me obrigou a ir me deitar. No dia seguinte, conheci o sr. Rudolf de le Roi e o editor da revista *Akzente*, Hans Bender, o qual, assim imagino, terá também exercido influência na atribuição do prêmio. Guardo ainda uma fotografia minha com Borchers e Bender, tirada junto de uma fonte gótica de Regensburg. Da cidade, não gostei; é gelada, repugnante e, não fosse por Elisabeth Borchers e pela perspectiva de receber os 8 mil marcos, é provável que eu tivesse partido dali após, no máximo, uma hora. Como detesto essas cidades médias, com seus famosos monumentos arquitetônicos a estropiar para todo o sempre a vida de uma população inteira. Igrejas e estreitas vielas nas quais vegetam seres humanos cada vez mais estúpidos. Salzburgo, Augsburg, Regensburg, Würzburg — odeio todas elas, requentando a estupidez por séculos e séculos. Mas eu seguia pensando sempre nos 8 mil marcos. Acumulara tantas dívidas durante minha enfermidade, e poderia agora saldá-las todas, pensava comigo. E, depois disso, ainda me sobraria um dinheirinho, só para mim. Aguardei, pois, pela chegada da manhã da outorga solene da dotação do Círculo Cultural da Confederação Alemã da Indústria (naturalmente, faço questão de informar sempre a denominação correta e por inteiro da homenagem). O sr. de le Roi foi nos buscar, a mim e à sra. Borchers, e caminhamos juntos até a Câmara Municipal, tida como uma das mais preciosas do gótico alemão. A mim, a edificação ameaçou esmagar e sufocar, logo que a adentrei, mas eu repetia para mim mesmo: Coragem, muita coragem, faça tudo que for necessário, apanhe o cheque de 8 mil marcos e, depois, caia fora. A cerimônia foi bastante curta. Caberia ao sr. von Bohlen und Halbach, então presidente da Confederação Alemã da Indústria, a outorga do prêmio à sra. Borchers e a mim. Nós havíamos nos acomodado na primeira fila, ao lado do doutor de le Roi. À esquerda e à direita, os dignitários da cidade, inclusive o prefeito, com sua grossa corrente em torno do pescoço. Como tinha comido demais na noite anterior, eu me sentia muito mal. Já não lembro se houve discurso, mas é provável que tenha havido, porque solenidades desse tipo não acontecem sem um discurso. O salão de festas da Câmara Municipal ameaçava explodir, de tantos convidados de honra. Eu mal conseguia respirar. Quase sufocava naquele ar festivo. Tudo estava impregnado de suor e dignidade. Mas tínhamos rido tanto na noite anterior, pensei, a sra. Borchers e eu, que só aquilo já valera a pena. E agora, ainda por cima, os 8 mil marcos! Logo, toda essa patacoada vai ter fim, pensei comigo, e os cheques estarão em nossas mãos! Claro que, também ali, uma orquestra de câmara havia se instalado; o que tocou, não sei dizer. Chegou então — inteiramente de surpresa, segundo minha lembrança — o momento decisivo. O presidente, sr. von Bohlen und Halbach, subiu ao palco e, de uma folha de papel, leu o seguinte: ... *e, assim sendo, a Confederação Alemã da Indústria destina sua dotação de 1967 à sra. Bernhard e ao sr. Borchers!* Notei que minha vizinha de assento estremeceu. Por certo experimentava um instante de pavor. Eu apertei a mão dela e lhe disse que pensasse apenas no cheque — se era sr. Borchers e sra. Bernhard ou, como correspondia à verdade dos fatos, sr. Bernhard e sra. Borchers, tanto fazia. Em seguida, a sra. Borchers e eu subimos ao palco da Câmara Municipal de Regensburg, no qual, à exceção dos diretamente nomeados e talvez do sr. de le Roi e do sr. Bender, ninguém havia notado o erro cometido pelo sr. von Bohlen und Halbach, e recebemos, cada um, um cheque no valor de 8 mil marcos. Passamos ainda um belo dia naquela cidade pavorosa, e voltei para Viena, onde me encontrava sob os bons cuidados de minha tia. Há um ano, tive nas mãos um assim chamado volume comemorativo do Círculo Cultural da Confederação

Alemã da Indústria, o chamado *anuário*, que enumera com orgulho todos os agraciados com a dotação outorgada pela instituição. Faltava apenas o meu nome. Terá o doutor de le Roi, um homem que tenho na lembrança como muito amável, me excluído da lista de honra em razão da mudança verificada, de lá para cá, em minha conduta, conduta essa que eu, de minha parte, reputo irreparável? De todo modo, tenho aqui a oportunidade de comunicar que também eu fui receptor da dotação do Círculo Cultural da Confederação Alemã da Indústria. E, aliás, em Regensburg. E, mais especificamente, na gótica Câmara Municipal de Regensburg.

O Prêmio Literário da Cidade Livre e Hanseática de Bremen

Depois de eu não ter escrito absolutamente nada durante cinco anos, e de ter então escrito *Frost* em um ano (1962), em Viena, meu futuro tornou-se, mais que nunca, desesperador. Enviei *Frost* a um amigo, editor da Insel, e o manuscrito foi aceito em três dias. Uma vez aceito, porém, percebi que o trabalho ficara incompleto e que, naquela sua forma precária, não podia ser publicado. Reescrevi o livro todo numa pensão em Frankfurt, situada numa das ruas mais movimentadas da cidade, perto da torre de Eschenheim, uma das pensões mais baratas entre as que eu havia considerado — todos os segmentos de *Frost* precedidos de um título, eu os escrevi nessa pensão em Frankfurt. Levantava-me às cinco horas da manhã, sentava-me à mesinha junto da janela e, ao meio-dia, houvesse eu escrito cinco, oito ou dez páginas, eu as levava correndo até minha editora, na Insel, e discutia com ela onde encaixar as tais páginas no manuscrito. O livro inteiro foi completamente modificado ao longo dessas semanas em Frankfurt; muitas páginas, talvez umas cem, joguei fora, de modo a, afinal, tornar o romance aceitável, como acreditei, e apto a ser composto. Quando a primeira prova ficou pronta, eu estava em Varsóvia, em visita a uma amiga que estudava na Academia de Arte. Em plena estação mais gelada do ano, hospedei-me na chamada Dziekanka, a moradia estudantil bem ao lado do palácio do governo, e passei semanas caminhando pela bela, emocionante e sinistra cidade de Varsóvia, enquanto lia a prova do livro. Almoçava no chamado Clube dos Escritores e, à noite, jantava em companhia dos atores, cuja comida era ainda melhor. Em Varsóvia, passei uma das épocas mais felizes da minha vida, sempre com a prova no bolso do sobretudo e tendo por interlocutor o satirista Lec, que registrava seus famosos aforismos no livro de receitas da esposa e, com frequência, me convidava para ir a sua casa, além de, vez por outra, me pagar um café na Nowy Świat. Eu estava feliz com meu livro, que saiu na primavera de 63, juntamente com uma resenha de várias páginas publicada no *Die Zeit*, de autoria de Zuckmayer. Mas, passado o temporal de resenhas, extraordinariamente veementes e assaz controversas, variando do mais embaraçoso louvor à crítica mais maldosa, de repente me vi no chão, destruído, como se tivesse caído num fosso terrível e desesperador. Acreditei que morreria sufocado por minha crença equivocada na literatura como minha única esperança. Não queria mais saber de literatura. Em vez de me trazer felicidade, ela me chutara para as profundezas do fosso asfixiante e fedorento do qual, assim eu acreditava, não havia mais escapatória. Amaldiçoei a literatura, o fato de haver fornicado com ela e me voltei para os canteiros de obras, arranjando trabalho como motorista de caminhão da firma Christophorus, com sede na Klosterneuburgerstrasse. Durante meses, transportei cerveja da famosa cervejaria Gösser. Com isso, não apenas aprendi a dirigir caminhão muito bem, mas fiquei conhecendo toda a cidade de Viena ainda melhor do que já conhecia. Morava com minha tia e ganhava meu dinheiro como motorista de caminhão. Da literatura, não queria mais saber, tinha jogado todas as minhas fichas nela, que, em compensação, me lançara num fosso. Sentia nojo da literatura, odiava todos os editores, todas as editoras e livros, todos os livros. Para mim, era como se, ao escrever *Frost*, tivesse sido vítima de um engodo monstruoso. Ficava feliz quando, vestindo meu casaco de couro, me deixava despencar no banco do motorista e trovejava pela cidade no meu velho Steyr. Revelava-se agora a utilidade de eu ter, no passado, aprendido a dirigir caminhão, pré-requisito para um posto na África que eu pretendera ocupar anos antes mas que, em decorrência de circunstâncias decididamente fortuitas, como hoje sei, não chegara a obter. Naturalmente, porém, também aquela felicidade de poder servir à cervejaria Gösser como motorista de caminhão teve fim. De súbito, passei a odiar meu trabalho, do qual desisti de um dia para outro, enterrando-me sob as cobertas no meu quartinho na casa da minha tia. Ela compreendeu meu estado, porque, um dia, me convidou para ir com ela às montanhas por dois ou três meses. Faria bem a nós dois livrarmo-nos da absoluta crueldade e nocividade da metrópole durante dois ou três meses, entregando-nos à natureza. Sankt Veit, na província de Salzburgo, era o que minha tia tinha em mente: a cidade próxima ao hospital para doentes do pulmão onde eu fora paciente durante anos, situada a oitocentos metros de altitude e desfrutando, portanto, de localização absolutamente ideal, haveria de nos regenerar. Assim, numa manhã bem cedinho, partimos de trem da Westbahnhof e demos início a nossa viagem às montanhas, minha tia e eu, que viajava de graça como seu acompanhante. Preciso dizer que, tão logo o trem deixou a estação, já eu amaldiçoava o campo, com saudade de Viena? Quanto mais o trem se afastava da cidade, mais triste eu ficava, estou cometendo um erro, pensava comigo, ao dar as costas a Viena e rumar com minha tia para o campo, mas esse erro não tenho mais como corrigir. Afinal, não sou um homem do campo, e sim da cidade, dizia a mim mesmo, só que já não havia como voltar atrás. Naturalmente, não encontrei minha felicidade no campo, onde as pessoas me entediavam, sim, eu detestava aquela gente, entediava-me a natureza, que detestei também, comecei, enfim, a odiar tanto as pessoas como a natureza. Tornei-me cismarento e melancólico, caminhando de um lado para outro pelas pradarias, atravessando bosques cabisbaixo e, por fim, recusando-me a comer. Minha oposição secreta à vida no campo e nas montanhas havia, pois, me conduzido a nada menos que uma catástrofe, eu era agora apenas uma caricatura assaz lamentável de mim mesmo, atado à mais terrível infelicidade, e foi então que veio o Prêmio Literário da Cidade Livre e Hanseática de Bremen. Não foi o prêmio em si que me salvou de meu estado, vale dizer, de minha existência catastrófica, e sim a ideia de, com seus 10 mil marcos, tomar as rédeas da minha vida, modificá-la radicalmente, torná-la possível outra vez. A premiação fora anunciada, eu conhecia a soma em dinheiro a ela vinculada e tinha, pois, a possibilidade de fazer algo sensato com aquele valor. Sempre quisera ter uma casa só para mim, ou, se não uma casa de fato, pelo menos paredes ao meu redor, entre as quais pudesse fazer o que bem entendesse, pudesse me trancar. Pois com essa soma em dinheiro, pensei comigo, vou criar as paredes, e assim foi que entrei em contato com um corretor de imóveis, que de pronto me fez uma visita em Sankt Veit e me sugeriu algumas propriedades. É claro que todas elas eram demasiado caras e que, com o prêmio nas mãos, eu disporia apenas de uma fração do preço de compra. Mas por que não?, pensei comigo, e combinei um encontro com o corretor para o início de janeiro, na Alta Áustria, onde ele morava e tinha, portanto, à mão suas propriedades, das quais, disse-me, poderia me oferecer em especial antigas propriedades rurais, parte delas em ruínas, todas numa faixa de preço entre 100 e 200 mil xelins. Meu prêmio me daria uma soma equivalente a apenas 70 mil xelins. Mas talvez eu encontrasse paredes apropriadas na faixa dos 70 mil, paredes entre as quais pudesse me trancar; quando pensava numa propriedade para mim, não era numa casa que eu pensava, e sim em paredes, paredes entre as quais pudesse me trancar. Viajei, pois, para a Alta Áustria, minha tia me acompanhou, e fomos juntos à casa do corretor de imóveis. O homem me impressionara, tinha gostado dele de pronto, porque era competente e dotado de um caráter que me parecera irrepreensível. Numa paisagem em que mais de um metro de neve se acumulava, caminhamos a passos pesados até a casa do corretor. Ele nos acomodou em seu carro e, com uma folha de papel na mão, explicou onde ficavam as propriedades a visitar e que rota seguiríamos de uma propriedade a outra. No total, tinha anotado na folha de papel cerca de onze ou doze propriedades rurais à venda. Bateu, então, as portas do veículo, e teve início a visitação. Uma névoa espessa cobria toda a paisagem, não víamos nada, nem mesmo a estrada pela qual o corretor de imóveis nos conduzia à primeira propriedade. À sua frente, ele próprio não enxergava nada além do nevoeiro, mas, afinal, conhecia o caminho, e confiamos nele. Tanto quanto eu, minha tia estava curiosa, e seguíamos calados; não sei o que ia pela cabeça dela nem ela o que ia pela minha, tampouco o corretor de imóveis sabia o que ia pela nossa cabeça, motivo pelo qual ele não disse palavra, apenas parou o carro de súbito e solicitou que descêssemos. De fato, em meio à neblina, vi uma parede imensa à minha frente, toda ela composta de grandes blocos de pedra. O corretor abriu um grande portão de madeira, já desencaixado das dobradiças, e entramos por uma espaçosa propriedade rural. Também ali mais de um metro de neve se acumulava, era como se os proprietários houvessem abandonado o lugar às pressas, deixando tudo para trás: devem ter sofrido algum pesado revés, pensei comigo. A propriedade estava vazia fazia mais de um ano, informou o corretor, tomando a dianteira. Em cada cômodo que entrávamos, ele dizia tratar-se de um cômodo particularmente bonito, além de repetir sem parar a expressão *de proporções magníficas*, nem sequer o incomodava que a todo momento uma tábua do soalho podre cedesse, obrigando-o a executar um salto hábil para escapar das profundezas da podridão. O corretor de imóveis ia na frente, eu o seguia e, atrás de mim, vinha minha tia. Caminhávamos pelos cômodos como sobre um tablado, era como se tivéssemos de atravessar uma poça turva e fedorenta, e eu às vezes olhava para trás, para minha tia, que, no entanto, era uma mulher muito ágil, mais até do que eu ou o corretor de imóveis. Eram onze ou doze os cômodos, todos num estado de absoluto abandono, e um cheiro como o de centenas — quando não milhares, pensei comigo — de camundongos e ratazanas, velhos e estorricados, impregnava o ar. Todas as tábuas do soalho estavam completamente deterioradas, apodrecidas, e a maioria dos caixilhos das janelas tinha sido arrancada pelo vento e pelas intempéries. Embaixo, na cozinha, onde se erguia um grande fogão esmaltado, regurgitante de sujeira e repleto de ferrugem, a torneira não fora fechada, e a água se derramava pelo piso e além dele, ao que o corretor informou que os donos, que haviam deixado a casa fazia um ano, tinham se esquecido de fechá-la, o que ele próprio, encaminhando-se para lá, cuidou então de fazer. Disse também que nunca tinha visitado a propriedade até aquele momento, que nós éramos os primeiros a vê-la e que estava encantado com aquelas proporções tão extraordinariamente felizes. Minha tia cobria o nariz com um lenço, a fim de deter o fedor que reinava pelo imóvel, e não apenas aquele odor de podridão, mas também o das montanhas de esterco que se esparramavam pelos estábulos, esterco que os proprietários ainda não haviam removido. O corretor mencionava sem parar as *proporções magníficas*, e, quanto mais vezes ele fazia aquela constatação, mais claro ficava para mim que ele estava certo, de tal modo que, no fim, já não era *ele* quem dizia que a propriedade exibia proporções magníficas, mas *eu*, e o dizia o tempo todo. Passei mesmo a intensificar a frequência com que mencionava as *proporções magníficas*, fazendo-o a intervalos cada vez menores, e, por fim, estava convencido de que toda aquela propriedade exibia de fato *proporções* verdadeiramente *magníficas*. De um momento para outro, eu estava obcecado por aquela propriedade e, quando estávamos de volta ao portão de entrada, prontos a rumar para nosso próximo destino — e o corretor agora tinha pressa, porque, afinal, restavam ainda dez ou doze imóveis a visitar —, eu lhe disse que nenhuma das outras propriedades me interessava, porque já encontrara a que procurava, e era aquela ali, que, com efeito, dispunha de *proporções magníficas*, proporções que eram as ideais para mim, razão pela qual eu estava disposto a fechar com ele de imediato o necessário contrato. Do início da visitação até aquela manifestação de minha parte não haviam transcorrido mais que quinze minutos. Minha tia ficou chocada, disse-me que não fizesse nenhuma besteira, que achava aquelas paredes horrorosas e, uma vez de volta ao carro, prontos a retornar à casa do corretor de imóveis para a redação do contrato, ela, sentada atrás de mim, naturalmente seguiu dizendo que eu devia refletir melhor sobre o assunto, que devia *dormir pensando* naquilo. Minha decisão, no entanto, estava tomada. Eu havia encontrado minhas paredes. Sugeri ao corretor uma entrada de 70 mil xelins, a ser paga no final de janeiro, ou seja, depois da outorga do prêmio em Bremen, e eu amortizaria o restante ao longo dos anos. Restante que, aliás, perfazia uma importância superior a 150 mil xelins, um dinheiro que, embora eu ainda não tivesse ideia de onde tirar, não me causava preocupação nenhuma. *Reflita, durma pensando*, minha tia não parava de dizer, enquanto o corretor já esboçava o contrato. A mim, me agradavam aqueles modos do corretor de imóveis,

33

seu jeito de escrever, o que ele dizia, tudo que o circundava. Eu, de minha parte, agia como se dinheiro não fosse o problema, o que impressionou o corretor, enquanto sua esposa, lá na cozinha, preparava-nos deliciosos ovos mexidos. Meia hora depois de, pela primeira vez na vida, ter visto Nathal, como se chamavam aquelas paredes — e nem as vira direito, porque, como disse, uma névoa as recobria por completo, e isso à parte o fato de que não tinha visto coisa nenhuma do seu entorno, isto é, da paisagem ao redor, sobre a qual só podia tecer conjecturas —, assinei o assim chamado pré-contrato. Comemos os ovos mexidos e conversamos ainda por algum tempo com o corretor de imóveis, antes de deixá-lo. Ele, então, nos levou até a estação, de onde retornamos às montanhas. De fato, durante aquela viagem, na qual minha tia, tomada por terríveis pressentimentos, não disse mais nada, tenho de admitir que comecei a sentir a chamada pontinha de medo; de súbito, eu me perguntava agora o que, afinal, tinha acontecido, exatamente no que me metera, porque naturalmente eu me metera em algo terrível. Passei várias noites sem dormir, nas quais naturalmente não consegui obter clareza sobre o que, de fato, havia feito e assinado, e de onde haveria de tirar os restantes, por assim dizer, 150 mil xelins. Mas o dia da outorga do prêmio em Bremen vai chegar, pensei comigo, e aí terei os 70 mil xelins para dar de entrada e, então, estarei salvo. Minha tia abstinha-se de fazer qualquer comentário. Pela primeira vez naquela nossa convivência, eu não havia dado ouvidos a ela. Viajei, pois, para Bremen, cidade que não conhecia. Conhecia, sempre amei e continuo amando Hamburgo, mas Bremen detestei desde o primeiro momento, uma cidade pequeno-burguesa e inacreditavelmente estéril. Um quarto fora reservado para mim num hotel recém-construído, bem defronte da estação ferroviária, já não lembro como se chamava. Enfiei-me naquele quarto de hotel para não precisar ver a cidade e fiquei à espera da manhã da premiação. A outorga do prêmio aconteceria, como de fato aconteceu, na velha Câmara Municipal. Meu grande problema era que haviam me incumbido de fazer um discurso diante de todos, e eu, já em Bremen, ainda não tinha nem sequer ideia do que iria dizer, embora soubesse havia semanas que precisaria fazer o discurso, para o qual ideia nenhuma me veio durante a noite, e tampouco de manhã eu a tinha. Agora, porém, havia pressa. Durante o café da manhã lembrei-me então de que, em se tratando de Bremen, eu podia falar nos "músicos de Bremen", afinal, e esbocei na cabeça uma ideia centrada nos tais músicos de Bremen. Terminei de tomar meu chá, corri para o quarto, sentei-me na cama e escrevi uma primeira versão. Escrevi também uma segunda e uma terceira. Depois, fui obrigado a reconhecer que minha ideia tinha sido uma ideia ruim e que eu precisava de outra. O tempo, contudo, urgia. Enquanto isso, telefonaram-me para saber se meu discurso seria longo. Não é longo, disse eu no telefone, não é nada longo, respondi sem ainda ter tido sequer uma ideia para o tal discurso. Meia hora antes do início da solenidade na Câmara Municipal, sentei-me em minha cama e anotei a frase: "Com o frio, intensifica-se a claridade", pensando comigo que agora tivera uma ideia aceitável para meu discurso. Em torno dessa frase, logo duas ou três outras se desenvolveram e, em dez ou doze minutos, eu pelo menos havia escrito meia página. Quando foram me buscar no hotel para me levar à Câmara Municipal, eu tinha acabado de concluir a redação do meu discurso. Com o frio, intensifica-se a claridade, pensei comigo, enquanto dois ou três senhores me acompanhavam à Câmara Municipal, e minha sensação era a de estar sendo detido e conduzido a julgamento. Circundavam agora o prisioneiro, que era levado do hotel até o centro da cidade, para o interior da Câmara Municipal. O lugar estava com sua lotação esgotada, repleto sobretudo de escolares. Também a Câmara Municipal de Bremen é uma câmara municipal famosa, e também ela me oprimia, como todas as câmaras municipais famosas sempre me oprimiram. Também ali cintilavam as condecorações e brilhavam as insígnias dos prefeitos. Solenemente conduzido à primeira fila, acomodei-me ao lado do prefeito. Um homem subiu ao palco para falar sobre mim. Tinha vindo de Frankfurt para discursar por meia hora sobre minha primeira obra em prosa. Foi bastante enfático e lembro-me de que teceu apenas elogios, mas não entendi nada do que ele disse. O tempo todo, eu só via as paredes de Nathal e pensava como faria para pagá-las. Por que sempre demora tanto até que o dinheiro finalmente apareça?, pensei comigo. Quando meu panegirista terminou seu discurso, e sobretudo os escolares, conforme me pareceu, batiam palmas com entusiasmo, fizeram sinal para que eu subisse ao palco. Nele, entregaram-me, então, o diploma da premiação, de cujo aspecto não me lembro, porque não tenho mais esse diploma, assim como não tenho nenhum dos demais que ganhei e que, no curso dos anos, se perderam. A seguir, de posse do diploma e com o cheque na mão, encaminhei-me para o púlpito e li minhas anotações sobre a claridade que se intensifica no frio. E, bem quando os ouvintes começavam a se entender com meu discurso, ele já havia terminado. Foi o mais curto jamais pronunciado por um ganhador do prêmio da cidade de Bremen, pensei comigo, e, depois da solenidade, obtive a confirmação de que assim tinha sido de fato. Parado ali, precisei ainda uma vez apertar a mão do prefeito, só para os fotógrafos. Lá fora, no corredor, surgiu de súbito diante de mim, de forma totalmente imprevista, meu velho amigo editor, aquele que acolhera *Frost* em apenas três dias; tão logo se viu a sós comigo, ele me pediu, como se em confidência, por assim dizer: Escute, por favor, me empreste 5 mil marcos, eu preciso desse dinheiro com urgência. Mas é claro, respondi, sem ter consciência clara do que estava fazendo e acrescentando que, dali a pouco, depois das duas, quando, passado o horário de almoço, os bancos de Bremen tornassem a abrir, eu iria a uma agência com ele para descontar meu cheque e lhe daria os 5 mil marcos. Quantas vezes ele já não me emprestou dinheiro?, pensei comigo, muitas e muitas vezes, e, aliás, não faz muito tempo, salvou-me de uma de minhas fatídicas catástrofes financeiras! Logo em seguida à cerimônia, um almoço foi oferecido num restaurante elegante da cidade, almoço do qual saí às duas horas da tarde, a fim de ir ao banco com meu amigo para descontar o cheque recebido por *Frost*. De todo modo, pensei comigo, de Bremen vou para Giessen, onde vão me pagar 2 mil marcos por uma palestra num assim chamado centro educativo evangélico. Fosse como fosse, teria, pois, 7 mil. Aquele pensamento me deixou feliz de novo. No dia seguinte, visitei outro amigo em Bremen, que morava numa água-furtada e com quem, diante de uma boa xícara de chá e com vista para as águas plúmbeas do Weser, tive uma excelente conversa sobre teatro, na qual falamos em especial sobre Artaud. Logo depois dessa conversa, retornei a Viena. Naturalmente, não via a hora de poder me mudar para minhas recém-adquiridas paredes em Nathal. Este não é o lugar apropriado para contar como, por fim, consegui me apoderar delas, ou como, bem ou mal, logrei reformá-las e transformá-las com minhas próprias mãos, além de, no decorrer dos anos, financiar minha dívida. O prêmio recebido em Bremen, porém, deu-me o impulso inicial para tanto; sem ele, eu teria provavelmente tomado outro rumo e experimentado trajetória diversa. Em todo caso, retornei ainda uma vez à cidade em virtude do chamado Prêmio Literário da Cidade de Bremen, e não tenho a intenção de me calar sobre a experiência que vivi nessa segunda viagem. Fui um dos chamados jurados a escolher o laureado do ano seguinte e viajei para Bremen com o propósito inamovível de dar meu voto a Canetti, que, assim creio, não havia até aquele momento recebido um único prêmio literário. Fosse por que motivo fosse, não pretendia dar meu voto a ninguém senão Canetti, todos os demais candidatos me pareciam risíveis. A reunião dos jurados teve lugar, creio, em torno de uma mesa comprida de um restaurante local, à qual se encontrava sentada toda uma série de cavalheiros com direito a voto, como se diz, entre os quais o famoso senador Harmsen, com quem eu me entendia muitíssimo bem. Acredito que todos já tinham nomeado seu candidato, e ninguém falara em Canetti, quando chegou minha vez, e votei: *Canetti*. Eu era a favor de dar o prêmio a Canetti por causa de seu *Auto de fé*, a genial obra da juventude que, um ano antes daquela reunião do júri, havia sido reeditada. Disse várias vezes o nome *Canetti*, e a cada uma delas os rostos ao longo da mesa comprida tinham se retorcido de pesar. Muitos ali nem sabiam quem era Canetti, mas, entre os poucos que sabiam de sua existência, encontrava-se um jurado que, de repente, tendo eu tornado a repetir o nome Canetti, comentou: Mas, *além de tudo*, ele é judeu! Seguiu-se tão somente um murmúrio, e Canetti foi descartado. A frase, porém — *Mas, além de tudo, ele é judeu!* —, ecoa ainda hoje em meus ouvidos, embora eu não seja capaz de dizer qual dos senhores à mesa a pronunciou. Mesmo assim, sigo ouvindo-a com frequência, provinda de um canto especialmente sinistro, ainda que eu não saiba quem foi que a disse. O fato é que aquela frase matou na raiz todo e qualquer debate sobre minha sugestão de outorgar o prêmio a Canetti. Preferi, portanto, nem participar do restante da discussão, limitando-me apenas a permanecer calado à mesa. Um bom tempo se passou, ao longo do qual uma quantidade infinita de nomes horrendos foi citada, nomes aos quais eu só podia, em sua totalidade, vincular verborragia ou diletantismo, mas um laureado ainda não tínhamos. Os cavalheiros olhavam para o relógio, e pela porta de folha dupla penetrava o aroma do assado em preparação na cozinha. Assim sendo, a mesa simplesmente *precisava* tomar uma decisão. Para meu grande espanto, de súbito um dos cavalheiros — e, de novo, não sei dizer qual — retirou da pilha de obras sobre a mesa, aleatoriamente conforme me pareceu, um livro de Hildesheimer e, num tom de extraordinária ingenuidade, levantando-se já para o almoço, disse: *Ora, vamos ficar com Hildesheimer, sim, fiquemos com Hildesheimer*, e Hildesheimer era justamente o nome que, ao longo de horas de debate, ninguém havia mencionado. Agora, de repente, à menção do nome Hildesheimer, todos recuaram suas cadeiras, aliviados, votaram no nome de Hildesheimer e, em poucos minutos, definiu-se que Hildesheimer era o novo vencedor do Prêmio Literário da Cidade de Bremen. Quem era de fato Hildesheimer, isso era provável que ninguém ali soubesse. De imediato, aliás, comunicou-se à imprensa que, após aquela reunião de mais de duas horas, Hildesheimer era o novo laureado. Os cavalheiros, então, levantaram-se e se encaminharam para o salão de refeições. O judeu Hildesheimer ganhara o prêmio. Para mim, *esse* foi o desfecho cômico da premiação. Não pude deixar de relatá-lo.

O Prêmio Julius Campe

Em 1964, o Prêmio Julius Campe, instituído pela editora hamburguesa Hoffmann und Campe em homenagem a Julius Campe, editor de Heine, foi dividido em três, e o prêmio total de 15 mil marcos coube, em três partes iguais, a Gisela Elsner, Hubert Fichte e a mim. Era a primeira vez que eu recebia uma distinção por uma obra literária, e entusiasmou-me acima de tudo o fato de se tratar de uma distinção que provinha de Hamburgo e que se encontra indissoluvelmente ligada ao nome do primeiro editor de Heinrich Heine, uma vez que Julius Campe foi quem primeiro editou tanto *Viagem ao Harz* como alguns dos melhores poemas jamais escritos por um poeta alemão. Para mim, naturalmente, Julius Campe não era nenhum desconhecido, eu havia lido a biografia de Brienitzer. Na verdade, o Prêmio Julius Campe de 1964 não foi concedido, porque não houve unanimidade do júri na escolha de um vencedor, de tal forma que as três partes iguais da dotação acabaram sendo caracterizadas como bolsas de trabalho, como se diz, o que absolutamente não me impediu de, com base na notícia de que eu receberia tal bolsa, pensar e declarar a todo momento que eu ganhara o Prêmio Julius Campe. Estava muito orgulhoso, foi quem sabe a única vez que me senti inteiramente à vontade com uma premiação, feliz do fundo do coração com aquela notícia proveniente de Hamburgo, tanto assim que, o mais rápido que pude, procurei espalhá-la por todo canto; eu, que morava com minha tia em Viena, atravessava o Primeiro Distrito, passava pelo Graben, cruzava a Kärntnerstrasse, o Kohlmarkt, o Volksgarten e pensava comigo que todas aquelas pessoas que encontrava pelo caminho sabiam da minha felicidade, sabiam que eu ganhara o Prêmio Julius Campe. A partir do momento em que me senti autorizado a me ver como vencedor do Prêmio Julius Campe, sempre que me sentava num café, sentava-me à mesa de um jeito diferente de antes, pedia meu café de um jeito diferente de antes, segurava os jornais de um jeito diferente de antes e, em segredo, admirava-me de as pessoas não me pararem na rua para falar sobre aquele acontecimento. Mesmo quem não me perguntava nada sobre o assunto recebia de mim a informação de que eu tinha acabado de ganhar o Prêmio Julius Campe, e eu explicava, então, quem havia sido Julius Campe, o que ninguém em Viena sabia, quem havia sido Heinrich Heine, o que muitos na cidade tampouco sabiam, e que importância tinha receber distinção tão extraordinária. Era uma honra enorme, eu dizia, receber um prêmio ligado ao nome de Heinrich Heine e, ainda por cima, proveniente de Hamburgo, ou seja, da cidade que eu mais amava na época e que sempre foi uma de minhas cidades preferidas; ainda hoje não conheço nenhuma outra cidade na Alemanha por onde eu seja capaz de caminhar com naturalidade tão despreocupada e feliz.

E onde eu poderia morar por um bom tempo, ou, quem sabe, até mesmo por muitos anos. Hamburgo, eu conheci logo cedo e, talvez por ter passado meu primeiro ano de vida num barco pesqueiro no porto de Roterdã, Hamburgo é para mim exatamente aquilo que, em linguagem popular, as pessoas chamam de amor à primeira vista. Com frequência, quase todo ano, eu me hospedava numa casa de tijolo aparente no bairro de Wellingsbüttel, não muito longe de onde nasce o Alster, e é por isso que respeito e amo os hamburgueses. Já o modo como me concederam minha parte do Prêmio Julius Campe, tenho de considerá-lo dos mais simpáticos. Escreveram-me duas ou três frases, dizendo que eu fora escolhido como um dos três ganhadores do prêmio e que podia retirar a soma de 5 mil marcos quando quisesse: ela estava à minha disposição na editora Hoffmann und Campe, em Harvestehuder Weg. Não haveria nenhuma solenidade, nenhum tipo de festa. Diante, portanto, dessa oportunidade propícia para voltar a Hamburgo, um dia embarquei num trem para Copenhague na Westbahnhof e recostei-me para dormir num compartimento que me pareceu o mais propício para tanto. Naturalmente, porém, não consegui pegar no sono, porque minha agitação diante daquela primeira premiação por uma obra literária, por *Frost*, era grande demais. Ganhei um prêmio em Hamburgo, em Hamburgo!, eu não parava de pensar, desprezando em segredo os austríacos, que até aquela data jamais tinham me demonstrado sequer um pingo de reconhecimento. A notícia chegara lá de cima, do mar do Norte, do Binnenalster! Agora, Hamburgo era para mim não apenas a mais bela de todas as metrópoles, como também o ápice da clarividência, isso sem falar no imenso cosmopolitismo que sempre caracterizara a cidade. Lá, o pessoal da Hoffmann und Campe reservara para mim um quarto grande numa antiga *villa* às margens do Binnenalster, para onde tomei um táxi. Tão logo entrei no quarto, já um jornal me chamou, querendo uma entrevista. Recostado numa poltrona, concordei. Desfiz minha malinha e, de pronto, a campainha tocou: era o pessoal do jornal que havia chegado, de lápis em punho. Foi a primeira entrevista que dei na vida, talvez tenha sido para o *Hamburger Abendblatt*, nem sei mais. Estava tão agitado que não conseguia concluir uma única frase; tinha respostas para todas as perguntas, mas não fiquei feliz com minha capacidade de formulá-las. Pensei comigo: agora vão notar que você vem da Áustria, lá de onde judas perdeu as botas. No dia seguinte, vi minha foto no jornal e, em vez de, como era de esperar, dar pulos de alegria, senti vergonha dos disparates que havia dito, além de abominar minha foto: se eu tinha de fato o aspecto que aquela foto exibia, pensei comigo, o melhor que podia fazer era me esconder para sempre no vale sombrio de alguma montanha, para nunca mais sair de lá. Sentado na poltrona, eu agora passava uma grossa camada de geleia de laranja no pão do café da manhã, profundamente magoado. Sem coragem nem para abrir as cortinas, passei horas sentado naquela poltrona, como se todo o meu corpo tivesse sido acometido de uma paralisia indefinível. Sentia-me mal como jamais havia me sentido na vida. De repente, porém, lembrei-me da minha parte do prêmio, dos 5 mil marcos, que de pronto tomaram conta da minha mente, de tal forma que me enfiei num casaco e corri para a editora Hoffmann und Campe, percorrendo um caminho maravilhoso, respirando o melhor dos ares, e aquilo me deu a impressão de, pela primeira vez na vida, ver um mundo elegante. Contemplei com grande interesse e a maior das atenções cada uma daquelas confortáveis *villas* à beira do Binnenalster. Por fim, cheguei à editora, identifiquei-me e, de imediato, fui recebido pessoalmente pelo diretor editorial. O cavalheiro apertou-me a mão, convidou-me a sentar e retirou da gaveta aberta da escrivaninha um envelope já pronto, que estendeu a mim. Aqui está o cheque, disse ele. Depois, perguntou-me se eu estava bem instalado. Seguiu-se a isso uma pausa, durante a qual fiquei pensando que era o momento de eu dizer algo inteligente, algo filosófico ou, talvez, pelo menos alguma coisa sensata, mas não disse nada: minha boca não se abriu. Minha impressão era a de que uma situação embaraçosa se criara; logo em seguida, o cavalheiro me disse que almoçaríamos juntos no chamado Clube Inglês. E, de fato, para lá me dirigi ao meio-dia e, na companhia dele, provei da mais excelente comida que, até então, já havia comido na vida. O almoço terminou com um generoso gole de fernet branca, e eu estava, então, na rua, à margem do Alster, tendo já me despedido do diretor editorial da Hoffmann und Campe. O principal propósito daquela minha visita a Hamburgo estava cumprido. Pernoitei ainda uma vez na antiga *villa* à beira do Alster e, depois, mudei-me para a casa de amigos, em Wellingsbüttel. Não lembro quanto tempo fiquei ali. Agora eu era uma celebridade, diziam meus amigos, e, quando faziam alguma visita e me levavam consigo, diziam ao anfitrião: Este austríaco que trouxemos é agora uma celebridade. Todas aquelas pessoas tornaram difícil para mim me separar de Hamburgo. Quando cheguei de volta a Viena, pus em prática de imediato a decisão que tomara ainda durante a viagem a Hamburgo: comprei um carro no valor exato do prêmio recebido. Relato a seguir como se deu essa compra. Na vitrine da Heller, a loja de automóveis situada defronte do chamado Heinrichshof, vi, em meio a outros carros de luxo, um Triumph Herald. A pintura era toda branca, e o estofamento, em couro vermelho. O automóvel tinha um painel de madeira com botões pretos, e o preço assinalado era de exatos 35 mil xelins, ou seja, 5 mil marcos. Era o primeiro carro que via em minha excursão prospectiva em busca de um automóvel, e foi também o que acabei comprando. Ainda que não sem interrupções, detive-me de todo modo por cerca de meia hora diante da vitrine, sempre a contemplá-lo. Era um carro elegante, inglês, o que constituía quase um pré-requisito, e bem do tamanho que eu queria. Por fim, entrei na loja, caminhei na direção do veículo, contornei-o algumas vezes e disse: Quero comprar este carro. Pois não, respondeu o vendedor: ele iria providenciar para que, nos próximos dias, um automóvel semelhante estivesse à minha disposição. Não, eu disse, nos próximos dias, não, eu quero agora, disse, já. E pronunciei a palavra *já* como sempre faço, com determinação. Não vou esperar mais uns dias, prossegui; não podia esperar, de modo algum, disse, embora não tenha alegado nenhum motivo para tanto, apenas o fato de que não podia esperar e que só compraria se fosse aquele carro, do jeitinho que estava. E, como fiz menção de sair sem haver concluído o negócio, o vendedor me disse de súbito: Está bem, o senhor pode levar o carro, esse aí mesmo, é um belo automóvel. Disse-o com certa tristeza na voz, mas tinha razão: o carro era mesmo bonito. Passou-me, então, pela cabeça que eu nunca havia dirigido um carro de passeio na vida, apenas pesados caminhões, porque, já ao tirar minha carteira de motorista, fizera a prova para motoristas profissionais, uma vez que, afinal, meu desejo na época era ir para a África, onde distribuiria medicamentos aos negros, projeto que acabou por malograr, mas a habilitação para conduzir caminhões era pré-requisito para aquele posto africano que eu teria assumido em Gana, não fosse a morte do gerente americano ao qual eu estava subordinado, o que, de início, adiou e, depois, tornou desnecessária minha contratação, ou seja, pensei comigo, eu não sei nem tirar o carro da loja. Muito bem, disse então ao vendedor, negócio fechado, eu compro o carro, mas teriam de estacioná-lo diante da loja, defronte da vitrine, eu disse, e eu viria buscá-lo ao longo do dia. Está certo, concordou ele. Em seguida, assinei um contrato e efetuei o pagamento. Tinha gastado o valor total do Prêmio Julius Campe. Restava-me ainda algum dinheiro para a gasolina. Por duas ou três horas, circulei a pé pelo centro da cidade, alegre por ser possuidor de um automóvel, o primeiro da minha vida, e que automóvel! Parabenizei-me por meu bom gosto. Que podia ter consultado ao menos um mecânico para saber se, por dentro, o carro também valia alguma coisa, essa ideia nem me passara pela cabeça. Tenho um carro! Tenho um carro branco!, pensava comigo. Por fim, dei meia-volta e retornei à Heller, uma das mais elegantes lojas de automóveis de Viena, e, ao dobrar a esquina, vi que meu carro já estava estacionado diante da porta. Peguei a documentação na loja, sentei-me no banco do motorista e fui embora. De fato, não tive nenhuma dificuldade para conduzir o carro, embora fosse muito mais fácil dirigir um caminhão do que um automóvel pequeno como aquele Triumph Herald. Rumei, é claro, para a Obkirchergasse e mostrei o carro a minha tia. Ela ficou espantada com o fato de se poder comprar um automóvel tão elegante por 5 mil marcos. Por outro lado, 5 mil marcos era muito dinheiro! Naturalmente, eu não tinha sossego e logo fiz minha primeira viagem mais longa, que me levou, em primeiro lugar, para o norte, além do Danúbio, e, como aquilo não bastasse, para lá de Hollabrunn, até Retz. Ao chegar a Retz, eu já havia gastado muita gasolina. Tornei a encher o tanque e peguei o caminho de volta; fazia um dia magnífico. Quando, porém, me aproximava da Obkirchergasse, não senti vontade de parar e descer do carro, mas quis seguir adiante, dessa vez rumando para leste. Primeiro, atravessei a cidade toda e, depois, entrei pela província de Burgenland. Pouco antes de Eisenstadt, escureceu, e pensei comigo: se eu for em frente, em meia hora estou na Hungria. Resolvi voltar. Durante a noite, foi impossível dormir, a sensação de possuir um carro era grandiosa, e ainda por cima um carro inglês, branco, com assentos de couro vermelho e painel de madeira. E tudo aquilo por causa do meu *Frost*, pensava comigo. No dia seguinte, fiz uma excursão com minha tia até Klosterneuburg e, no caminho de volta, paramos também no cemitério de Grinzing. Dois meses mais tarde — eu já me acostumara à condição de proprietário de um automóvel, e dirigir meu Herald tornara-se um hábito —, viajei para a Ístria, em direção a Lovran, na costa, onde minha tia já se encontrava havia duas ou três semanas. Hospedamo-nos, como costumávamos fazer com frequência, na Villa Eugenia, uma *villa* principesca construída em 1888, com amplas e magníficas sacadas e um caminho de cascalho que descia suavemente em direção ao azul-escuro do mar. Gagárin tinha acabado de fazer seu primeiro voo espacial, disso ainda me lembro. Meu Herald branco estava estacionado lá embaixo, ao lado do portão de entrada, que não era uma porta mas um portão de entrada, e eu, lá em cima, no segundo andar, na condição de único proprietário de três grandes cômodos, com seis amplas janelas revestidas de finíssimas cortinas de seda ainda de antes da guerra, escrevia *Amras*. Quando terminei de escrever a narrativa, enviei-a de pronto a minha editora na Insel. Quatro ou cinco dias depois do envio de *Amras*, levantei-me às três da manhã com a sensação irrefreável de que precisava ganhar as alturas, de que tinha de sair e ganhar as alturas, porque não havia uma única nuvem no céu daquele dia claro e perfumado. Vestindo calça, camisa sem manga, e de tênis, escalei as paredes rochosas do chamado monte Maggiore, hoje Učka. A meia altura do topo, deitei-me na sombra e me pus a contemplar o mar bem lá embaixo, à minha frente, que os navios singravam. Estava feliz como nunca. Ao meio-dia, quando desci o monte sorrindo, esgotado de felicidade, posso dizer, inundou-me de novo aquela sensação de quem não deseja trocar de lugar com ninguém neste mundo. Na Villa Eugenia, aguardava-me um telegrama. *Amras maravilhoso, tudo certo*, dizia o texto. Troquei de roupa, embarquei no meu carro e fui para Rijeka, a antiquíssima cidade portuária húngaro-croata. Lá, passeei pelas ruas, para cima e para baixo, sem me incomodar nem mesmo com a melancolia das pessoas ou com o ar empestado por centenas de automóveis. Absorvia tudo com a maior intensidade, ouvia e aspirava tudo. Por volta das cinco da tarde, eu retornava à Villa Eugenia pela estrada costeira, passando pelos estaleiros.

Acho até que cantava. Então, pouco antes de Opatija, onde a grande parede de rocha cintila ao sol do fim de tarde, um automóvel proveniente da esquerda invadiu minha faixa ao fazer a curva, chocou-se diretamente contra meu carro e destruiu toda a frente do Triumph Herald. A batida lançou-me para fora do veículo, mas de pronto eu estava ali, de pé, sem sentir dor nenhuma. Também o carro do iugoslavo fora demolido por completo. O motorista saltou do meio dos destroços e fugiu gritando, perseguido por uma mulher que não parava de xingá-lo: *Idiota! Idiota! Idiota!* Eu estava diante de um amontoado de lata no meio da estrada, e o tráfico que provinha dos estaleiros era ininterrupto. Os gritos de *Idiota! Idiota! Idiota!* cessaram, e eu me vi sozinho ali. De súbito, divisei pessoas correndo aos gritos em minha direção, olhei para baixo e vi que todo o meu corpo estava encharcado de sangue. Eu tinha um ferimento na cabeça, e o sangue jorrava com tamanha intensidade que achei que havia arrancado fora o topo do crânio, mas continuava sem sentir dor nenhuma. Foi quando alguém saltou de um Fiat 500, me agarrou e me enfiou em seu carro. Depois, acelerou a toda, disparando comigo para o hospital, e corria tanto que pensei que agora, sim, aconteceria de fato um grande acidente. Durante aquela correria louca, eu segurava a cabeça o tempo todo, porque julguei que ela iria se esvaziar. Tinha também a sensação de que precisava pelo menos escrever meu nome num pedaço de papel, ou ninguém saberia de quem se tratava, quando eu, por fim, tivesse sangrado até a morte. Naturalmente, também não queria manchar de sangue o carro do homem, razão pela qual tentava continuamente direcionar o jorro apenas para mim mesmo e para o espaço entre meus joelhos. Logo vou desmaiar, pensei, e então estará tudo acabado. Ao chegar ao hospital, uma enfermeira deitou-me de pronto numa maca e me levou. Depois, num lavatório, raspou-me metade do crânio. Logo em seguida, eu estava numa sala de operação, e tive sorte, porque o médico falava alemão e me perguntou de imediato todo o necessário: se tinha vomitado ou não, e assim por diante. Deram-me, a seguir, uma anestesia, apenas uma anestesia local, como se diz, e me trataram, costurando minha cabeça. O que me parecera um ferimento gigantesco se revelou nada mais que um corte, e, dois dias mais tarde, permitiram que eu voltasse à Villa Eugenia. Antes disso, pude ainda visitar os destroços do meu carro na delegacia de polícia próxima ao hospital. Para meu espanto, a polícia fizera uma reconstrução extremamente precisa do acidente. A culpa tinha sido cem por cento do iugoslavo, assim afirmavam também os autos. A mulher que não parara de gritar *Idiota!* enquanto o homem fugia era a esposa dele, a qual, por infelicidade, era enfermeira do hospital e, como fiquei sabendo depois, foi demitida sem aviso prévio, porque, em vez de me ajudar, fugira com o marido. Senti pena dela, mas não havia nada que eu pudesse fazer para alterar sua situação. Meu Herald tinha se transformado numa montanha de lata; dei algumas voltas em torno dele e pensei comigo que só havia rodado 1.200 quilômetros com o automóvel. Uma pena. Com a cabeça coberta por um turbante e em companhia de minha tia e de sua imensa bagagem, empreendi a viagem de volta para casa, em Viena. Não estava nem sequer deprimido, porque, afinal, escapara com vida como se por milagre, mas estava, sim, bastante decepcionado com o fim da minha felicidade motorizada. Na loja de automóveis Heller, remeteram-me a um ilustre advogado residente no Heinrichshof. Cuidaria do meu caso com o esmero que lhe era peculiar, disse-me o próprio advogado, enquanto as pessoas às quais eu relatara meu infortúnio diziam que eu jamais receberia um único tostão do iugoslavo, porque era sabido que, em casos como aquele, isto é, em tais acidentes, os iugoslavos não pagavam coisa nenhuma, mesmo que cem por cento da culpa fosse deles. Irritou-me ter contratado advogado tão caro, como me pareceu; fiquei furioso com aquela minha idiotice. Agora, não apenas perdera meu Herald, como teria também de pagar ao advogado, instalado como um príncipe em três ou quatro salas enormes com vista para a Ópera. Não passo de um burro, disse a mim mesmo, sem a menor noção da realidade. *Amras* foi composto, e eu caminhava bastante cabisbaixo pelas ruas de Viena. Nada me dava alegria, eu tinha saudade do meu Herald e me sentia de novo perto do fim. Essas pessoas infelizes nunca superam sua infelicidade, eu me dizia, referindo-me a mim mesmo. Era injusto, mas compreensível. De três em três dias, ou de três em três semanas, chegava uma carta do advogado, na qual ele me comunicava, sempre com as mesmas palavras, que estava acompanhando meu caso com o máximo cuidado. A cada vez que recebia uma carta daquelas, eu perdia as estribeiras. Mas não tinha mais coragem de ir até o advogado para lhe dizer que esquecesse o assunto, porque temia já os custos enormes. Li a prova de *Amras* no parque Wertheimstein e no Cassino Zögernitz. O livro ficou bom, romântico, obra de um jovem após meses de leituras de Novalis. Depois de *Frost*, acreditei que não mais conseguiria escrever coisa nenhuma, e então, à beira-mar, sentei-me, e *Amras* surgiu. Era sempre o mar que me salvava, tudo que eu precisava fazer era tomar o rumo do mar, e estava salvo. Um dia, pela manhã, chegou outra daquelas cartas do advogado, e minha vontade foi rasgá-la de pronto. Mas o conteúdo da carta era outro. Venha até meu escritório, escreveu-me ele: consegui resolver seu caso de maneira inteiramente satisfatória. E, de fato, as seguradoras iugoslavas haviam atendido a todas as exigências de meu advogado, sem restrições, bem entendido. Elas não apenas me deram um carro novo, como também pagaram uma indenização por danos pessoais, além de uma assim chamada compensação pelas roupas estragadas, e num valor incrivelmente alto. É que meu advogado não havia dito, como correspondia à verdade dos fatos, que eu vestia na ocasião apenas uma calça barata, uma camisa e sandálias; declarara, em vez disso, que eu trajava um terno caro e caríssimas roupas de baixo. Naturalmente, saí satisfeitíssimo de seu escritório. Comprei um novo Herald e, com ele, viajei ainda muitas vezes para a Iugoslávia, que, naquela minha infelicidade, tinha se revelado um país correto e, na verdade, bastante generoso. Escrevi tudo isso apenas porque, como se vê, o episódio guarda relação direta com aquele Prêmio Julius Campe dividido em três partes. Relação, aliás, perfeitamente óbvia.

O Prêmio Nacional Austríaco de Literatura

Recebi o Prêmio Nacional Austríaco de Literatura em 1967, e tenho de acrescentar de imediato que me concederam o prêmio menor, o chamado Kleiner Staatspreis, aquele que o escritor recebe por uma obra específica e para o qual precisa candidatar-se, isto é, enviar um de seus trabalhos ao ministério competente, o Ministério da Cultura e das Artes; recebi-o, além disso, numa idade em que, em geral, já não se é contemplado com um tal prêmio, ou seja, aos trinta e tantos anos, quando o usual é outorgar o Kleiner Staatspreis a quem tem vinte, o que é justíssimo; tenho, pois, de acrescentar que se tratou do chamado prêmio menor, e não do chamado prêmio maior, o Grosser Staatspreis, outorgado pelo chamado conjunto da obra. Ninguém ficou mais surpreso que eu com o fato de o Kleiner Staatspreis ter sido concedido a mim, uma vez que eu não tinha submetido trabalho nenhum ao ministério, jamais teria feito isso, e não sabia que meu irmão, como ele próprio me confessou mais tarde, havia entregado meu *Frost* no portão do Ministério das Artes e da Cultura, na Minoritenplatz, no último dia de inscrição. A notícia de que receberia o prêmio não me entusiasmou nem um pouco; antes de mim, afinal, uma porção de jovens já fora agraciada com ele, a meu ver desvalorizando-o consideravelmente. Mas, como não queria ser um desmancha-prazeres, aceitei o prêmio, inclusive porque o receberia exatos trinta anos depois de meu avô, a quem o haviam outorgado no mesmíssimo dia em 1937. Foi essa curiosa coincidência que me fez comunicar ao ministério que o aceitava com grande prazer. Na realidade, arruinava-me o estômago a ideia de, quase aos quarenta anos, precisar receber um prêmio que cumpria reservar aos jovens de vinte, e eu tinha, ademais, uma relação tensa com meu país, como tenho ainda hoje, em grau bem mais acentuado, e essa relação atingia sua tensão máxima em se tratando de nosso Ministério da Cultura e das Artes — que, com aprofundado conhecimento de causa, eu abominava — e, acima de tudo, de seus respectivos ministros. Quando jovem, eu recorrera com frequência ao ministério, a fim de obter o assim chamado subsídio para viagens ao exterior, isso por volta dos meus 25 anos, porque queria viajar muito, quase sem parar, mas não tinha dinheiro para tanto, e, duas ou três vezes, o ministério me concedera tal subsídio, ao qual devo com certeza duas viagens à Itália. Toda vez, porém, que saía do ministério, amaldiçoava seus funcionários e a maneira como, ali, tratavam pessoas como eu, além de ter aprendido a detestá-lo por muitas outras razões, sobre as quais não quero me alongar aqui. Aqueles funcionários públicos, eu os via como autoritários e estúpidos, não entendiam o que eu dizia quando falava com eles e exibiam o mais terrível mau gosto que se pode imaginar em todos os domínios das artes e da cultura. Em suma: cabia-me agora me haver com o fato de, em algum dia da primavera, precisar ir buscar o prêmio nacional concedido a meu *Frost*, que, por qualquer que tenha sido o motivo, meu irmão entregara na portaria do ministério, na Minoritenplatz. Que agora jogassem na minha cara o Kleiner

Staatspreis era algo que eu considerava humilhante, mas não queria criar caso, e meu irmão logrou convencer-me da propriedade de acolher o prêmio sem contestação. Portanto, eu tinha agora de ir àquele mesmo ministério e deixar que justamente aquelas pessoas me pendurassem um prêmio no pescoço, sendo que abominava com fervor tanto a instituição como seus funcionários. Havia jurado a mim mesmo nunca mais pôr os pés naquele ministério em que imperavam a estupidez e a hipocrisia, e agora me via naquela camisa de força em que meu irmão me metera. Diversos jornais haviam inflado de tal forma o anúncio de que eu receberia o prêmio nacional que era como se se tratasse do prêmio maior, o Grosser Staatspreis, quando, na verdade, se tratava do humilhante prêmio menor, o Kleiner Staatspreis. Era algo que eu não conseguia engolir, passei semanas com aquilo entalado na garganta. Mas não queria me expor a uma recusa, porque aí todos teriam de novo me acusado de arrogante e de megalomaníaco, o que é a regra para essa gente, que ainda hoje me acusa de arrogante e de megalomaníaco, e talvez eles tenham razão, talvez eu seja mesmo arrogante e megalomaníaco, não sou capaz de julgar a mim mesmo com inteireza. Contudo, por mais que a perspectiva de precisar ir buscar meu Kleiner Staatspreis no ministério me sufocasse, salvava-me sempre o fato de que também aquele prêmio menor fosse dotado de uma soma em dinheiro, uma soma, na época, de 25 mil xelins, dinheiro do qual eu, que estava atolado em dívidas, necessitava com urgência. Havia sido nessas dívidas que meu irmão pensara ao se permitir a monstruosidade de entregar meu *Frost* na portaria do ministério. Assim — e, admito, sempre com essa soma de 25 mil xelins na cabeça —, concordei em receber o prêmio, com tudo de pavoroso e de repugnante que por certo se vinculava a ele; eu o abominava apenas na medida em que não pensava nos 25 mil xelins, mas, quando pensava nos 25 mil xelins, conformava-me com meu destino. Ter ou não ter 25 mil, era nisso que eu pensava o tempo todo, e, de resto, meu irmão tinha razão ao dizer que eu devia simplesmente ir buscar o prêmio sem criar nenhum caso, sem fazer comentário nenhum. Em segredo, porém, pensava comigo que o júri estava cometendo uma desfaçatez ao me conceder o Kleiner Staatspreis, uma vez que, se era para receber algum prêmio — e isso já se cogitava na época —, claro que eu só me sentia preparado para aceitar o prêmio maior, e não o menor; pensava, pois, que, para meus inimigos literários naquele júri, constituía prazer diabólico derrubar-me de meu púlpito com o Kleiner Staatspreis que agora me jogaram na cara. Acreditavam eles seriamente, pensava comigo, que *eu* teria me candidatado ao prêmio menor, expondo-me assim, com plena consciência e de olhos abertos, àquele seu gosto diletante? Sim, é possível que pensassem que eu próprio tinha levado *Frost* à portaria do ministério. Era provavelmente o que pensavam, porque, afinal, eram quem eram, não tinham a capacidade de pensar de outra maneira. As pessoas que falavam comigo sobre o prêmio naturalmente acreditavam, todas elas, que eu ganhara o Grosser Staatspreis, e, a cada vez, eu me via exposto ao embaraço de ter de lhes dizer que se tratava do Kleiner, com o qual todo escritorzinho cretino já fora contemplado. A cada vez, eu era obrigado a explicar às pessoas a diferença entre o Kleiner e o Grosser Staatspreis e, tão logo o fazia, tinha a impressão de que não me entendiam. O Grosser Staatspreis, eu dizia sem cessar, era concedido pelo chamado conjunto da obra, um prêmio que se recebia em idade mais avançada e que era outorgado pelo chamado Kunstsenat, um conselho das artes composto de todos aqueles que já haviam recebido o Grosser Staatspreis, e esse Grosser Staatspreis premiava não apenas obras literárias, mas também as chamadas artes plásticas, a música etc. Quando me perguntavam quem já havia recebido o Grosser Staatspreis, eu sempre respondia: um punhado de cretinos; e, quando me perguntavam como se chamavam os cretinos, eu citava uma série de cretinos que ninguém conhecia, só eu sabia quem eram aqueles cretinos. Então, o tal Kunstsenat se compõe tão somente de cretinos, diziam, porque você está chamando todo mundo que tem assento nesse conselho de "cretino". Isso mesmo, respondia eu, são todos uns cretinos no Kunstsenat, e, aliás, todos cretinos católicos e nacional-socialistas, além de um ou outro judeu, apenas a título de contrapeso. Repugnavam-me aquelas perguntas e respostas. E esses cretinos, diziam então, escolhem todo ano novos cretinos para integrar o conselho, na medida em que lhes concedem o Grosser Staatspreis. Isso, eu respondia, todo ano novos cretinos são escolhidos para integrar o conselho, que se autodenomina Kunstsenat e constitui um mal inextirpável e um perverso disparate nacional. É uma assembleia de grandes nulidades e velhacos, eu sempre dizia. E o que é o Kleiner Staatspreis?, perguntavam, ao que eu respondia que o Kleiner Staatspreis era um assim chamado estímulo ao talento e que tantos o haviam recebido que já não era possível enumerá-los, e entre eles lá estava eu agora, dizia, a quem concediam o prêmio como punição. Punição por quê?, queriam saber, e eu não tinha resposta. Ganhar o Kleiner Staatspreis com mais de trinta anos, eu dizia, é uma infâmia, e, como tenho quase quarenta, é uma infâmia monstruosa. Mas dizia também ter jurado a mim mesmo que iria enfrentar aquela infâmia monstruosa, que nem pensava em recusar a monstruosa infâmia. Não estou disposto a recusar 25 mil xelins, eu dizia, sou ganancioso, não tenho nenhum caráter, também eu sou um canalha. As pessoas não desistiam: seguiam cutucando. Sabiam muito bem onde cutucar para me enfurecer. Encontravam-me pela manhã e me cumprimentavam pelo prêmio, dizendo que já estava mais do que na hora de, finalmente, eu receber o Prêmio Nacional de Literatura e, dito isso, faziam uma pausa dramática. Eu precisava, então, explicar que meu prêmio era o menor, que aquilo não era uma honra, e sim uma infâmia. E prêmios em geral não constituem honra nenhuma, acrescentava eu, honra é uma perversidade, não existe honra no mundo. As pessoas chamam de honra o que, na verdade, é infâmia, tanto faz de que honra se esteja falando, dizia eu. O Estado cobre seus trabalhadores de honras que, na realidade, são perversidades e infâmias, eu dizia. Quando saiu no jornal que eu receberia o Prêmio Nacional de Literatura, minha tia, que sempre teve nosso Estado, ou, antes, todo Estado, em altíssima conta — seu marido havia sido alto funcionário público federal —, comportou-se como se eu tivesse sido objeto de grande honraria. Também a ela tive de explicar que se tratava do prêmio menor, e não do maior, buscando novamente deixar clara a diferença entre um e outro, e, no final de minha explicação, disse-lhe ainda que nem o prêmio menor nem o maior tinham valor algum, os dois eram uma infâmia, aceitar qualquer um deles era um ato de vileza, mas minha falta de caráter era suficiente para que eu aceitasse meu prêmio, porque queria os 25 mil xelins. Minha tia ficou decepcionada comigo, sempre esperara demais de mim. Se eu acreditava no que dizia, não podia aceitar o prêmio, argumentou. Pois é, respondi-lhe, acredito no que estou dizendo, mas vou aceitar o prêmio assim mesmo. Queria o dinheiro, expliquei, porque devíamos arrancar do Estado, que todo ano desperdiçava insensatamente não apenas milhões mas bilhões, cada centavo que podíamos, um cidadão tinha o direito de fazê-lo, e eu não era nenhum tolo. Tínhamos um governo indigno, prossegui, que se valia de todos os meios para chamar a atenção para si e permanecer no poder, ainda que à custa da ruína do Estado, e daquele Estado, sim, claro que eu tomaria os 25 mil. Fosse aquilo vileza ou não, falta de caráter ou não, completei. Ela, então, me acusou de inconsequência. Era impossível fazê-la aceitar meu ponto de vista. Eu não achava, disse-lhe, que era falta de caráter receber meu prêmio em dinheiro justamente daqueles por quem eu sentia profundos desprezo e repulsa: muito pelo contrário. Como compensação pela humilhação de me haverem concedido o prêmio menor, eu faria uma viagem, uma vez que, afinal, eram tantos os países, mesmo da Europa, que eu não conhecia e, com os 25 mil, tinha a possibilidade de ir à Espanha, por exemplo, onde nunca estivera. Se não pegasse o dinheiro para mim, para minha viagem, disse, ele acabaria nas mãos de alguma nulidade, de alguém cuja obra só trazia desgraça e empestava o ar. À medida que o dia da premiação se aproximava, fui acumulando cada vez mais noites sem dormir, noites quase insuportáveis. Quanto mais eu refletia sobre o assunto, mais encarava como uma baixeza aquilo que alguns imbecis talvez tivessem de fato concebido como honraria — falar em decapitação seria exagero, mas *baixeza* parece-me ainda hoje o termo mais apropriado. Todos aqueles autores de radiopeças que eu encontrava na rua, com suas roupinhas da moda e seus vinte, vinte e um, vinte e cinco anos, todos eles eram detentores de prêmios nacionais. E agiam como se só agora eu tivesse recebido as ordens sagradas. Aquilo me corroía. De resto, seu ponto de vista estava correto. Em toda a Áustria, meu *Frost* não tinha recebido uma única resenha positiva, pelo contrário; logo em seguida ao lançamento, o romance havia sido esculhambado por todos os jornais austríacos, sem exceção, e não em local apropriado, como eu esperara, mas em algum ponto do pé da página, à direita ou à esquerda, que é desde sempre o lugar destinado ao desprezo e à indignidade. Eu me irritava, e me irritava à maneira desmedida como fazem os descontrolados, irritava-me ao extremo, mas, no fim das contas, perguntava-me se aquelas pessoas todas não tinham razão. Talvez eu fosse de fato o que avaliavam que eu era! Proibi-me de ficar pensando no assunto. O tempo não conhece piedade. Impiedoso, pois, ele foi. A manhã da outorga do prêmio havia chegado. Também naquela ocasião me cabia fazer um discurso, mas não sou nenhum orador, não sei fazer discurso, nunca fiz um discurso, justamente porque não sou capaz de fazê-lo. Mas tinha de fazer um discurso, é tradição que o escritor, premiado em companhia de um pintor, de um compositor etc., faça um discurso, o qual, no convite enviado pelo ministério, é chamado de discurso de agradecimento. Só que, como sempre acontecia quando eu precisava fazer um discurso, eu não tinha ideia do que dizer; também nesse caso pensara semanas sobre o assunto, sobre o que diria, ou seja, sobre que discurso faria, sem, no entanto, chegar a conclusão nenhuma. Aliás, o que dizer numa ocasião como aquela, além da palavra *obrigado!*, entalada, ainda por cima, na garganta de quem a diz, prestes a arruinar-lhe o estômago por um bom tempo? Eu não encontrava um tema para meu discurso. Pensei se deveria falar sobre a situação mundial, que, como sempre, ia de mal a pior. Ou sobre os países subdesenvolvidos. Ou, talvez, sobre a situação de abandono da assistência médica no país. Ou sobre a saúde dentária ruim de nossas crianças em idade escolar? Devia, talvez, falar alguma coisa sobre o Estado em si, a arte em si, a cultura de um modo geral? Ou será que devia, talvez, falar sobre mim mesmo? Achava todos esses assuntos repugnantes e nojentos. Por fim, à mesa do café da manhã, sentei-me ao lado de minha tia e disse a ela que não podia fazer um discurso, que não tinha nenhuma ideia do que dizer. Não encontrara um tema, não me ocorria absolutamente nada. Talvez depois do café da manhã, sugeriu ela, e pensei comigo, sim, talvez depois do café da manhã, e comecei a comer, a comer, mas, não, nada me ocorria. Vestia já meu terno solene, o paletó na cor grafite com uma só fileira de botões, dera o nó na gravata, engolia com dificuldade o último bocado do café da manhã, e nem sombra de uma ideia qualquer para o discurso, de repente não tinha nada, coisa nenhuma na cabeça, a não ser uma sensação de medo, medo do que me aguardava, embora não soubesse definir com exatidão que medo era aquele; sentia medo de alguma perversidade, mas, ao mesmo tempo, de alguma ilegitimidade, de uma injustiça e de me ver numa situação inteiramente embaraçosa. Minha tia estava pronta para sair, tinha de novo um aspecto muito elegante, que só pude admirar. Se ao menos eu tivesse recusado o convite e não precisasse agora ir ao ministério, lamentei. E então, no auge do desespero, sentei-me à mesa junto da janela do meu quartinho e datilografei umas poucas frases. De novo não era o discurso que exigiam de mim, de novo eu tinha nas mãos não mais que duas ou três frases. Nada mais que duas ou três frases, eu disse a minha tia, e tive vergonha de ler para ela as duas ou três frases recém--surgidas. Nem tempo para isso eu tinha, porque precisávamos ir andando; pegamos um táxi na esquina da Obkirchergasse com a Grinzinger Allee e fomos para o centro da cidade. Era uma viagem rumo ao patíbulo. A entrega do prêmio teve lugar no chamado salão de audiências do Ministério da Educação, da Cultura e das Artes. Ao chegarmos, todos os chamados convidados de honra já estavam presentes. Faltava apenas o ministro, sr. Piffl-Perčević, que, com seu bigode comprido, havia sido alçado diretamente de seu posto anterior, de secretário da Câmara Estiriana de Agricultura, para o Ministério da Educação, da Cultura e das Artes. Alçara-o ao cargo o colega de partido e então primeiro-ministro. Para mim, aquele tal de Piffl-Perčević era um horror, porque incapaz de pronunciar uma única frase correta, do começo ao fim; podia ser que entendesse alguma coisa dos novilhos e das vacas da Estíria, dos porcos da Alta Estíria e dos canteiros para mudas da Baixa Estíria, mas de arte e cultura não entendia nada, embora só falasse em arte e cultura, incessantemente e por toda parte. Mas essa é outra história. O ministro com o bigode comprido chegou ao auditório, e a cerimônia da outorga do prêmio podia começar. Sentou-se na primeira fila, na qual já haviam se acomodado os pre-

60

miados, cinco ou seis pessoas, além de mim. Também essa cerimônia de premiação teve início com uma peça musical, uma obra para cordas que o ministro ouvia com a cabeça tombada para o lado esquerdo. Os músicos não estavam em boa forma, cometeram erros em várias passagens, mas, nessas ocasiões, nem se atribui grande valor a uma execução correta. A mim me doía que errassem justamente nas melhores passagens da peça em questão. Por fim, terminou a apresentação musical, e o ministro, depois de receber de seu secretário algumas folhas de papel provavelmente redigidas por este último, levantou-se, caminhou para o púlpito e proferiu um discurso. Já não me lembro do conteúdo, que apresentava ao público os receptores do prêmio, com leitura de alguns dados biográficos a respeito deles e menção de algumas de suas obras. Eu não tinha como saber se estava correto o que o ministro lera sobre meus colegas de premiação, mas o que disse sobre mim estava quase tudo errado, um amontoado de invencionices das mais grosseiras. Ele mencionou, por exemplo, que eu escrevera um romance tendo por cenário uma ilha dos Mares do Sul, romance de cuja existência fiquei sabendo apenas no momento em que o ministro fez tal comunicação. Tudo que o ministro dizia estava errado, era evidente que seu secretário havia me confundido com outra pessoa, mas aquilo não contribuiu para aumentar minha irritação, até porque eu estava acostumado com políticos, que, em ocasiões como aquela, só diziam mesmo asneiras e invencionices: por que razão o sr. Piffl-Perčević haveria de ser diferente? O que, no entanto, me magoou profundamente foi a afirmação do ministro segundo a qual — e guardo ainda em meus ouvidos esta declaração, palavra por palavra — eu seria *um estrangeiro nascido na Holanda*, mas que agora vivia *já há algum tempo entre nós* (ou seja, os austríacos, entre os quais o senhor ministro Piffl-Perčević não me incluía). Admirei-me com a calma com que ouvi o ministro até o fim. Não se deve acusar de provincianismo aqueles que vêm da província, mas, quando se comportam com arrogância sem igual, como fizera o sr. Piffl-Perčević, aí, havendo oportunidade, cumpre, sim, registrar o fato. E agora, que tenho essa oportunidade, quero aqui registrá-lo. Quando ele comunicou às pessoas ali reunidas quem eu era, uma pretensão verdadeiramente indescritível se desenhara no rosto, de resto estúpido, absolutamente insensível e avesso à arte, do ministro da Cultura. Era provável, porém, que, também nesse caso, além de meus amigos, ninguém soubesse que, naquele salão, o ministro lia a meu respeito tão somente falsidades revestidas de estupidez. Ele não sentia coisa nenhuma, lia apenas, do alto de seu púlpito e no tom monótono que lhe era inato, toda a tralha irrefletida produzida por seu secretário, uma inverdade atrás da outra, uma indignidade atrás da outra. Eu era obrigado a ouvir aquilo? Ainda enquanto o ministro discursava, perguntei a mim mesmo se não teria sido melhor não ter comparecido. Mas era uma pergunta que já não tinha razão de ser. Lá estava eu, sentado na primeira fila, sem poder me defender, não podia simplesmente me levantar de repente e dizer na cara do ministro que aquilo tudo era besteira, um monte de mentiras. Isso eu não podia fazer. Estava preso a minha poltrona por cintos invisíveis, condenado à imobilidade. Aí está o castigo, pensei, agora pague a conta. Você acaba de se igualar a eles, a todas as pessoas sentadas nesta sala, dando ouvidos hipócritas a Sua Santidade, o Ministro. Agora, é parte dessa gente, também você integra essa corja, que sempre só fez te enfurecer e com a qual, durante toda a vida, você jamais quis ter nada a ver. Sentado aí, com esse terno escuro, suportando pancada em cima de pancada, uma desfaçatez atrás da outra. E nem se mexe, não se levanta de um salto para dar um safanão no ministro. Eu procurava me persuadir a permanecer calmo, dizia a mim mesmo sem cessar *calma, calma, calma*, o que continuei fazendo até que o ministro parou com sua arrogante desfaçatez. Merecia uns tapas, mas recebeu estrondosos aplausos. Mais uma vez, os cordeiros aplaudiam o deus que os alimentava e, no meio da ruidosa salva de palmas, o ministro tornou a sentar, e agora era minha vez de me levantar e me dirigir ao palco. Eu tremia ainda de raiva. Mas não havia perdido o controle. Retirei do bolso do paletó o papel com meu texto e o li, talvez com voz trêmula, é possível. Também minhas pernas chacoalhavam, naturalmente. Contudo, ainda não terminara de ler, quando uma inquietação tomou conta da sala, eu nem sabia por quê, uma vez que dizia meu texto com voz serena, e seu tema era filosófico, ainda que dotado de certa profundidade, como eu o sentia, tendo já pronunciado duas ou três vezes a palavra *Estado*. Pensei comigo: é um texto absolutamente tranquilo e, como ninguém vai entendê-lo, poderei cair fora daqui mais ou menos sem grande alarde, um texto que tratava da morte e de seu poder superior, do caráter ridículo de tudo quanto é humano, da incapacidade e da mortalidade humanas, e da nulidade de todo e qualquer Estado. Não tinha ainda chegado ao final, quando o ministro, com o rosto todo vermelho, levantou-se de um salto, correu em minha direção e me dirigiu algum xingamento incompreensível. Muito agitado, ali estava ele diante de mim, ameaçando-me, aproximando-se inclusive com a mão erguida, de raiva. Então, depois de dois ou três passos, ele deu súbita meia-volta e deixou a sala. De início, disparou rumo à porta de vidro do salão de audiências, sem nenhuma companhia, batendo a porta com estrondo. Tudo isso aconteceu em segundos. E, mal o ministro havia, furioso e com as próprias mãos, batido a porta de seu salão de audiências, o caos tomou conta do recinto. Isto é, em primeiro lugar, logo depois de ele bater a porta, instalou-se um momento de silêncio perplexo. Em seguida, porém, irrompeu o caos. Eu mesmo não entendi nada do que tinha acontecido. Pessoalmente, precisara suportar uma humilhação atrás da outra para, então, ler um texto que, assim acreditei, era inofensivo, ao que o ministro se enfurecera, deixara a sala com raiva, e seus vassalos vieram para cima de mim. Toda aquela gentalha, toda ela dependente do ministro — receptores de subvenções, pensões e, em primeiríssimo lugar, o Kunstsenat, sempre presente, é de supor, às cerimônias de outorga do prêmio nacional —, saiu em disparada atrás dele, deixando o salão de audiências e descendo a escadaria do lado de fora. Mas todas aquelas pessoas que haviam saído em disparada atrás do ministro não dispararam atrás do ministro sem, antes, me dirigir pelo menos um olhar feio, a mim, que fora aparentemente o causador daquela cena embaraçosa e do abrupto colapso da cerimônia. Lançaram-me seus olhares tortos e correram atrás do ministro, muitos não se contentando apenas em me olhar feio, mas ameaçando-me também com os punhos — à frente de todos, se bem me lembro, o presidente do Kunstsenat, sr. Rudolf Henz, um homem então na faixa dos setenta ou oitenta anos, que veio para cima de mim de punho erguido e, juntamente com os demais, foi atrás do ministro. Que foi que eu fiz?, perguntei-me, de súbito abandonado no salão de audiências do ministério e, logo depois, sozinho com minha tia e dois ou três amigos. Não me julgava culpado de coisa nenhuma. O ministro não havia compreendido minhas palavras, e, só porque eu empregara a palavra *Estado* não num contexto servil e sim altamente crítico, ele se levantara de um salto, me atacara, deixara correndo o salão de audiências e descera pela escadaria lá fora. E todo mundo, ressalvadas as parcas exceções já mencionadas, disparara atrás dele. O estrondo com que batera a porta do salão ouço ainda hoje, nunca tinha ouvido alguém bater uma porta com tanta força. Agora, lá estava eu, sem saber o que dizer. Os amigos, não mais que três ou quatro, e minha tia se aproximaram de mim, e eles também não tinham uma explicação. Nosso grupo todo se voltou para o bufê, flanqueado ainda por dois garçons provavelmente trazidos do

Sacher ou do Bristol e paralisados pela forte emoção, e nos perguntávamos o que seria daquele bufê, em que ninguém havia nem sequer tocado. Vão mandar tudo para algum asilo, pensei comigo. O ministro é que foi rude com você, e não o contrário, disse um de meus amigos. A palavra era apropriada. Ele foi rude com todo mundo, disse eu. Bateu de tal forma a porta do salão de audiências que deve ter quebrado o vidro, pensei comigo. Todavia, ao examinar a porta do salão de audiências, constatei que o vidro não havia se quebrado. Apenas o estrondo causara a impressão de que o vidro da porta do salão de audiências havia se partido. No dia seguinte, os jornais falavam de um escândalo provocado pelo escritor Thomas Bernhard. Um diário de Viena chamado *Wiener Montag* estampou na primeira página que eu era um percevejo que cumpria exterminar.

O Prêmio Anton Wildgans

Anton Wildgans, assim como Josef Weinheber, é um Hölderlin de subúrbio vienense perfeitamente adequado à alma popular austríaca. O prêmio que leva seu nome é concedido pela Associação dos Industriais, cuja sede se localiza na Schwarzenbergplatz, em Viena, num suntuoso palácio que data dos anos do início da industrialização, ou seja, dos primeiros anos da década de 1870. Uma semana antes da data marcada para a outorga do Prêmio Nacional Austríaco, o presidente da Associação dos Industriais, Mayer-Gunthof, já falecido há muitos anos, comunicou-me que o júri encarregado da questão havia decidido conceder-me o prêmio da Associação referente àquele ano, ou seja, 1967. O presidente concluía sua carta com a costumeira fórmula comercial, dizendo-se muito feliz em poder me dar aquela notícia. No devido tempo, eu receberia o convite para a solenidade. O prêmio, acrescentava, era dotado de uma soma em dinheiro no valor de 25 mil xelins. Wildgans não me dava muito que pensar, porque eu o tinha em mais baixa conta que os colegas escritores do júri, os quais, fosse por que razão fosse, e ela só podia ser

66

absurda, haviam tido a ideia de me outorgar o Prêmio Wildgans de 1967. Nas escolas de teatro austríacas, é comum os estudantes se ocuparem com fervor da obra de Wildgans, revelando inclusive preferência por um trecho de sua peça *Armut* [Pobreza] já na escolha do texto para o exame de admissão; poemas de Wildgans são declamados a todo momento e, quando se trata então de solenidades oficiais de caráter nacional — seja no Burgtheater, na assim chamada Josefstadt ou num ministério qualquer —, aí a obra de Wildgans é presença garantida. A concepção diletante de literatura dos austríacos encontrou nele, assim como em Weinheber, seu ideal, e esse ideal é praticado até hoje em toda parte onde haja algo a celebrar. O que as pessoas admiram em Wildgans é não apenas o que acreditam ser sua arte poética extraordinariamente verdadeira, mas acima de tudo o fato de ele ter sido diretor do Burgtheater. Eu, de minha parte, sempre admirei seu filho trombonista, que foi um músico genial e um dos compositores mais promissores de sua época. Aqui, porém, não é de Wildgans em si que quero falar, e sim do prêmio que carrega seu nome. Poucos dias antes da entrega do Prêmio Nacional no ministério sediado na Minoritenplatz, chegou o convite para a solenidade na Associação dos Industriais, um pomposo pedaço de papel impresso na famosa gráfica Huber & Lerner, do Kohlmarkt, o qual anunciava como convidado de honra especial o ministro Piffl-Perčević. Pensei comigo: se eu quiser trocar por novas as velhas folhas externas das janelas lá de casa, já quase podres, tenho de aceitar o prêmio; e decidi, portanto, aceitar o Prêmio Wildgans e comparecer à toca dos janotas da nossa melhor sociedade, na Schwarzenbergplatz. Em essência, meu pensamento era o de que, onde quer que lhe ofereçam dinheiro, o ser humano deve sempre aceitá-lo, sem se preocupar demais com motivo ou procedência, porque reflexões dessa natureza nada mais são que completa hipocrisia, de modo que encomendei a meu marceneiro folhas externas novas para minhas janelas, o que, assim raciocinei, resultaria em enorme economia de meus gastos com calefação. Ninguém recusa 25 mil xelins caídos do céu: quem oferece dinheiro é porque tem, e o que cabe fazer é tomá-lo de quem tem, pensei comigo. De resto, a Associação dos Industriais devia se envergonhar de dotar um prêmio literário de meros 25 mil xelins, quando poderia, sem maiores problemas e sem nem mesmo se aperceber disto, dotá-lo de 5 milhões, mas o fato é que, pensei comigo, por conta própria a Associação avalia com muita propriedade a literatura e os literatos, e cheguei mesmo a admirá-la por essa sua avaliação correta da literatura e dos literatos que fazem a literatura. Eu teria aceitado 25 mil xelins de qualquer um, até mesmo do primeiro que encontrasse na rua. Ninguém censura um mendigo pelo fato de ele aceitar dinheiro das pessoas sem perguntar de onde vem o que lhe dão. E teria sido o cúmulo do absurdo fazer essa pergunta justamente à Associação dos Industriais, ou mesmo refletir sobre se deveria ou não aceitar aquele dinheiro: teria sido ridículo. Se eu somasse os 25 mil da Associação dos Industriais aos 25 mil do Prêmio Nacional — ambas quantias desavergonhadamente baixas, pensei comigo, para o propósito a que se destinavam, e tanto o Estado como a Associação dos Industriais deviam se envergonhar da outorga de prêmios literários de valor equivalente a um salário ruim de funcionário municipal de nível médio —, já seriam 50 mil, soma com que eu, de fato, podia fazer alguma coisa. O Estado concede um prêmio no valor de um salário miserável, a Associação dos Industriais faz o mesmo, e os dois se exibem dessa maneira aos olhos do público, que nem sequer percebe como é vil e perverso esse expediente. A milionária, ou, antes, bilionária, Associação dos Industriais, com a concessão desse miserável prêmio de 25 mil xelins em dinheiro, alça-se na realidade à elevada posição de grande mecenas das artes e da cultura, pelo que, além de tudo, é louvada em todos os jornais, em vez de ser denunciada sem misericórdia alguma por tamanha vileza. Mas meu propósito aqui não era fazer nenhuma denúncia, e sim um relato. A entrega do Prêmio Wildgans deveria acontecer uma semana depois da outorga do Prêmio Nacional. Assim anunciava o convite. Contudo, depois que a cerimônia de entrega do Prêmio Nacional fora por água abaixo, como já relatei, tendo o ministro batido a porta do salão de audiências de seu ministério com grande estrondo e disparado para fora dali, a Associação dos Industriais, na Schwarzenbergplatz, perdeu de repente seu convidado de honra para a já planejada outorga do Prêmio Wildgans, uma vez que o ministro, na condição de convidado de honra, de súbito comunicava agora à Associação que não pretendia ser convidado de honra numa solenidade em cujo centro estaria *um certo sr. Bernhard*, declinando, pois, do convite e deixando na mão a Associação dos Industriais. Como, porém, a Associação dos Industriais já não dispunha de sua grande atração, isto é, do ministro, agora tampouco queria o escritor Thomas Bernhard, por intermédio de quem, aliás, pretendera apresentar-se, e tão somente de maneira hipócrita, como mecenas nacional. E o que fez, então, a Associação dos Industriais? Cancelou toda a solenidade e enviou a todos os convidados aqueles mesmos convites impressos na firma Huber & Lerner, do Kohlmarkt, que tinha enviado duas semanas antes, só que agora não como *convites*, e sim como *desconvites*. A cerimônia anunciada duas semanas antes pela Associação não mais aconteceria, estava *cancelada*, dizia o que chamo aqui de *desconvite*, também este no estilo hispano-habsburguiano de notícia da corte, impresso pela Huber & Lerner em preto e dourado. Sem nenhuma informação adicional acerca do como ou por quê, enviaram-me, assim como a todos os outros convidados originais, o tal desconvite, e enviaram-me também, pelo correio normal e dentro de um miserável canudo para material impresso, o diploma da premiação, sem comentário nenhum. Por sorte, e igualmente sem nenhum comentário, depositaram na minha conta os 25 mil xelins, uma soma, acredito, demasiado baixa para toda aquela vileza e pouca-vergonha.

Logo depois, e justamente naquela mesa do Café Museum à qual Robert Musil costumava sentar-se, encontrei Gerhard Fritsch, membro do júri e até então meu amigo, e lhe perguntei se, diante daquela cachorrada da Associação dos Industriais, ele iria protestar, abandonar o corpo de jurados, renunciar a seu posto. Fritsch, no entanto, não tencionava nem protestar nem deixar o júri. Disse-me que tinha três mulheres e uma porção de filhos com essas três mulheres para sustentar, razão pela qual não podia se dar ao luxo nem de protestar, como me parecia natural que fizesse, nem de, como também me parecia natural, renunciar ao posto de jurado do Prêmio Wildgans. Como pai daquelas crianças e provedor de três mulheres que demandavam um bocado de dinheiro, ele se queixou comigo e me pediu que tivesse consideração com ele, o que fez num tom repugnante. Pobre homem, incoerente, lamentável, digno de pena. Não muito tempo depois daquela nossa conversa, Fritsch enforcou-se num gancho preso à porta de sua casa: a vida que ele próprio arruinara havia lhe sobrepujado as forças e o extinguira.

O Prêmio Franz Theodor Csokor

Franz Theodor Csokor foi filósofo, dramaturgo, autor de um livro intitulado *Um civil na Guerra dos Bálcãs*, que eu descobrira na biblioteca de meu avô, e, durante muitos anos, presidente do PEN Clube, além de amigo de meu avô, a quem venerava sinceramente; por muitos anos, ele frequentara a hospedaria do Wallersee de propriedade de meus parentes, pela qual eu circulava aos três ou quatro anos de idade e também aos cinco ou seis, bem como aos sete ou oito, sem ter a menor ideia de quem eram aqueles dois cavalheiros — Franz Theodor Csokor e Ödön von Horváth — hospedados logo abaixo de mim, nos amplos quartos com vista para a floresta, decorados com mobiliário ao estilo império e Biedermeier, que continham até mesmo uma série de valiosas peças da época de José II e ostentavam no teto magníficos ornamentos em estuque. Disseram-me que Csokor e Horváth, dois amigos que escreveram boa parte de suas peças de teatro e romances na hospedaria de meus parentes, costumavam brincar comigo no soalho de madeira do restaurante no térreo e me levar para passear na beira do lago, mas eu mesmo já não me lembro disso. Meu avô, como bem sei, passeava com frequência na companhia de Csokor e Horváth. No piso superior da hospedaria de meus parentes havia um grande salão onde, durante o ano todo, se encenavam peças de teatro, proporcionando, talvez, a atmosfera perfeita para os dois amigos e dramaturgos; lembro-me ainda do vistoso colorido dos figurinos amontoados no sótão, e também de uma das peças encenadas no salão, na qual um homem nu, preso a uma estaca, era chicoteado, não sei por que motivo, mas ainda posso ver claramente a cena toda, que exerceu efeito pavoroso sobre mim; era uma peça de conteúdo político. É possível que Csokor e Horváth tenham sido inspirados por aquele palco, é mesmo provável. Depois, só reencontrei Csokor uma única vez, em Salzburgo, já não sei dizer em que ocasião, mas me lembro de que ele e o romancista George Saiko estavam sentados comigo no terraço do restaurante da Fortaleza, e que Csokor falava sem parar sobre meu avô, relatando fatos que me eram desconhecidos. Ele amava meu avô, porque só quem ama uma pessoa fala dela daquela maneira. E eu ouvia com prazer, porque também eu amava meu avô como a ninguém mais neste mundo. Para Saiko, já famoso na época e um sujeito absolutamente egocêntrico e cheio de si, aqueles relatos eram quase insuportáveis, e de vez em quando ele tentava interromper Csokor, que, no entanto, não se deixava interromper. *Este senhor*, disse-me Csokor, *já foi diretor do Albertina, em Viena*, uma informação que me impressionou enormemente. Quando terminamos de comer, Csokor, que já era um senhor de idade, estava cansado, mas, como Saiko não estivesse, Csokor despediu-se de mim dizendo que, por ser eu ainda jovem e, naturalmente, não estar cansado, deveria mostrar Salzburgo ao sr. Saiko, que tampouco estava cansado. Naquele momento, eu não tinha ideia da catástrofe que me aguardava. Mal Csokor se despedira, Saiko, que escrevera o romance *O homem dos juncos*, começou a me explicar o que era um romance. Num calor infernal, portanto, pusemo-nos a caminhar pela cidade, e o sr. Saiko seguia me dizendo, sem cessar, o que era um romance. Eu o conduzia de uma rua a outra, de uma igreja a outra, mas ele só falava do romance, entupindo-me sem misericórdia de sua teoria do romance, sem a menor noção de que aquela exposição ininterrupta de sua teoria já me havia provocado dor de cabeça, e justamente em mim, que, afinal, a vida inteira sempre detestei toda e qualquer teoria literária, e, acima de tudo, sempre odiei as chamadas teorias do romance, mais ainda quando expostas por teóricos fanáticos, como Saiko se revelara, que afastam naturalmente o ouvinte de qualquer simpatia pela matéria, e já pelo tom alto da exposição. O sr. Saiko falava e falava, falou durante quatro horas seguidas sobre o que era o romance, citando sem parar um ou outro escritor de maior ou menor grandeza, e às vezes dizia ter se equivocado, não havia sido Joyce quem dissera isso ou aquilo, e sim Thomas Mann, ou não havia sido Henry James, mas Kipling. Por fim, ao longo daquelas quatro horas de exposição, minha admiração pelo fato de aquele homem ter sido diretor do Albertina encolhera, transformando-se num apreço mínimo; de repente, eu desprezava aquele orador, detestava aquele homem, pensava o tempo todo em como me livrar dele. Saiko, porém, tanto quanto me lembro, só se despediu depois de exatas cinco horas, somente quando, exausto, ele de súbito percebeu que tinha quase me massacrado com aquela sua exposição. Eu, de minha parte, estava cansado demais até para respirar aliviado. À noite, lembro-me, viajei para Veneza, onde, no dia seguinte, acordei numa manhã magnífica e fui para a praça São Marcos. E quem, ainda à distância, de repente abriu os braços ao me ver chegar? O sr. Saiko! Naturalmente, aquele absurdo não me chocou, ao contrário: concordei em ir com Saiko a um restaurante localizado nas proximidades da ponte dos Suspiros, a fim de comer queijo com azeitonas e beber vinho tinto. Dessa vez, contudo, o sr. Saiko não falou nada, comportando-se apenas como um hedonista de primeira. À noite, seguiria com a esposa para Ancona, disse-me, apontando para um barco branco ao fundo. Mas não era sobre o sr. Saiko que eu queria falar, e sim sobre Franz Theodor Csokor, um homem a quem aqueles que o conheceram só podiam amar. Ao retornar de Veneza, encontrei uma carta de Csokor na qual ele me comunicava que eu havia sido eleito membro do PEN Clube. Por unanimidade! Em votação secreta! Era só o que me faltava. Naturalmente, eu não queria ser membro do PEN Clube, assim como não queria ser membro de clube nenhum do mundo. Mas como dizê-lo àquele senhor adorável, autor da peça nacional austríaca intitulada *3 de novembro de 1918*, sem ofendê-lo? No fundo, eu não tinha nada contra o PEN Clube, até hoje não sei o que ele é de fato, mas não queria de jeito nenhum me tornar membro, porque eu sempre detestei associações e clubes, e mais ainda, naturalmente, os literários. Por essa razão, aliás, desliguei-me recentemente da chamada Academia de Darmstadt, à qual nunca me filiei, assim como me desliguei também, há trinta anos, do Partido Socialista, ao qual, no entanto, de fato me filiara pouco tempo antes — partidos e associações não combinavam e não combinam comigo. Assim sendo, sentei-me e escrevi a Csokor que tinha plena consciência da grande honra que representava ter sido eleito para o PEN Clube, e em votação secreta, como ele dissera, mas que não podia ir contra meu princípio de jamais me filiar a nenhum clube, motivo pelo qual não podia ser membro nem mesmo de um clube cujo presidente era ele próprio. Postar aquela carta foi terrível para mim. Não recebi resposta. Csokor já faleceu, assim como o sr. Saiko depois de, quatro ou cinco semanas antes de morrer, ter recebido o Grosser Staatspreis, o Prêmio Nacional Austríaco de Literatura, e de, durante uma viagem de bonde de Döbling até o Primeiro Distrito (três dias antes de sua morte), ter me explicado os benefícios de, ao comprar sapatos, não efetuar a compra antes das quatro horas da tarde, porque somente por volta das quatro horas da tarde os pés adquiriam a conformação correta e necessária à aquisição de sapatos. Sempre que penso em Saiko, que, como disse, escreveu *O homem dos juncos*, a primeira coisa que me vem à mente é essa sua palestra sobre não comprar sapatos antes das quatro horas da tarde, palestra de que me beneficio até hoje; só depois disso é que me lembro da exposição de quatro horas sobre o que seria um romance. Por esses dois senhores já mortos, sinto hoje grande simpatia; tenham eles escrito ou não as obras-primas mais inacreditáveis da literatura austríaca, volto aos dois porque meu encontro com eles está diretamente vinculado à outorga do Prêmio Franz Theodor Csokor. Quando recebi o prêmio concedido em memória de Csokor, aqueles que o entregaram a mim pensaram que eu, evidentemente, era membro do PEN Clube. Quando eu lhes disse que não, que evidentemente não era membro, e contei a eles minha história com o PEN Clube, ficaram muito decepcionados, talvez nem tivessem concedido o prêmio a mim, um não membro. Na época em que fui receber o prêmio no palácio do PEN Clube, perto da Minoritenkirche, no Primeiro Distrito, e recebi o prêmio das mãos de Piero Rismondo, o único jornalista entre os críticos de Viena a ter algum apreço por minhas peças de teatro, eu enfrentava uma campanha particularmente violenta de aniquilação da minha pessoa por parte dos jornais austríacos. Por quê, não sei. Os polegares, de todo modo, apontavam, todos, para baixo. Por isso, aquela premiação me fez muito bem. O sr. Rismondo, triestino requintado e erudito, não tinha como saber que suas palavras de apoio reergueram do chão um homem completamente destruído, que seu louvor foi devorado com a máxima avidez pelos ouvidos de um ser humano à beira do colapso total. Por essa época, o Burgtheater encenara, de minha autoria, *Jagdgesellschaft* [Caçadores] e *Der Präsident* [O presidente], e, de Peter Handke, *Ritt über den Bodensee* [Cavalgada sobre o lago de Constança], o que, imaginem só, levou uma delegação do chamado Kunstsenat nacional, presidida pelo escritor Rudolf Henz, a exigir do ministro da Cultura, mediante resolução entregue no próprio ministério, que ele intercedesse junto à direção do teatro, a fim de que Bernhard e Handke não mais fossem encenados, porque Bernhard e Handke, como afinal se podia ler diariamente nos jornais vienenses, eram autores ruins, ao passo que ele próprio, Henz, e sua gente do Kunstsenat eram bons escritores. Os prebendados do Estado impunham sua autoridade! Os jornais relataram esse episódio horripilante, mas sem fazer um único comentário a respeito do assunto. Esse é apenas um exemplo da atmosfera literária, então reinante no país, contra mim e contra Handke. Não foi apenas a partir desse momento que tive dúvida sobre a propriedade ou não de aceitar prêmios. Depois do Prêmio Julius Campe, o único que acolhi com pulos de alegria, sempre tive uma sensação de vazio no estômago quando se tratava de receber um prêmio: a cada vez, minha mente se rebelava contra aquilo. Mas o fato é que, naqueles anos todos em que ainda me concediam prêmios, eu era demasiado fraco para dizer não. Aí, sempre pensei, meu caráter revela uma grande mácula. Eu desprezava aqueles que concediam os prêmios, mas não me recusava seriamente a receber os prêmios em si. Tudo aquilo era repugnante, mas o que me repugnava ao máximo era minha própria pessoa. Eu odiava as cerimônias, mas participava delas; odiava os outorgantes, mas aceitava suas somas em dinheiro. Hoje, não consigo mais fazer isso. Até os quarenta, penso comigo, vá lá, mas depois? Não ter aceitado a soma em dinheiro vinculada ao Prêmio Franz Theodor Csokor, no valor de 18 mil xelins, os quais doei para a assistência aos prisioneiros da penitenciária de Stein, tampouco se revelou um caminho. Também essas ações dotadas do chamado cunho social não se mostram, em última instância, destituídas de vaidade, autopromoção e hipocrisia. Para mim, a questão simplesmente já não se coloca; a única resposta possível é não permitir que me homenageiem.

O Prêmio Literário da Câmara Austríaca do Comércio e da Indústria

O Prêmio Literário da Câmara Austríaca do Comércio e da Indústria foi o último prêmio literário que recebi, na companhia de Andreas Okopenko e Ilse Aichinger, e ele me foi outorgado por meu livro intitulado *Der Keller* ["O porão", *Origem*], no qual descrevo minha época de aprendiz de comerciante no conjunto habitacional de Scherzhauserfeld, na periferia da cidade de Salzburgo, prêmio que desde o princípio vinculei não a minha atividade como escritor, e sim a minha atividade como aprendiz de comerciante, e, de fato, durante a solenidade, que nada teve a ver com a cidade de Salzburgo, a não ser pelo local escolhido para abrigá-la — o velho castelo Klessheim, à beira do Saalach —, os senhores da Câmara Austríaca do Comércio e da Indústria que o outorgaram a mim só falaram do Bernhard aprendiz de comerciante, jamais do Bernhard escritor. Senti-me muitíssimo bem entre aqueles honrados senhores da classe dos comerciantes e, durante todo o tempo em que estive com eles, não tive a impressão de ser a literatura, e sim o comércio, o meu lugar. Com a distinção que me concediam, e o convite para ir ao castelo Klessheim, trouxeram-me de volta à memória com grande nitidez aquele período, tão proveitoso para toda a minha vida, em que fui aprendiz de comerciante, o tempo em que, sob a tutela de meu mestre Karl Podlaha, provi de gêneros alimentícios a população do conjunto habitacional de Scherzhauserfeld. Antes da solenidade, caminhando para cima e para baixo diante do castelo — a atmosfera outonal do parque contribuindo em grande medida para a reconstrução de minha existência como aprendiz —, eu era de novo o rapaz de dezesseis, dezessete anos que, num avental cinza e qual um virtuose, despejava vinagre e azeite de uma altura de meio metro para dentro do gargalo estreitíssimo das garrafas, e sem o auxílio de um funil, no que jamais alguém naquela mercearia conseguiu me imitar. Eu carregava os sacos de oitenta, cem quilos, desde o depósito até a mercearia localizada num porão e, aos sábados, ao meio-dia, me ajoelhava para limpar o chão, enquanto meu chefe fechava o caixa. Erguia logo de manhã a grade de correr, tornava a fechá-la no fim do dia e, entre uma coisa e outra, meu desejo incessante era servir às pessoas de Scherzhauserfeld e a meu mestre. Há duas ou três semanas, ao entrar numa das centenas de filiais da maior rede austríaca de lojas de sapatos, numa das cidadezinhas ao meu redor, vi, pregadas na parede, minhas diretrizes relativas ao comportamento dos aprendizes de comerciante expostas em "O porão". A direção da rede de lojas copiou as diretrizes do meu livro e as mandou imprimir em centenas de exemplares, distribuídos a todos os seus aprendizes. Parado no meio da loja, na qual eu pretendia comprar um par de tênis, li minhas próprias diretrizes na parede e, pela primeira vez em minha carreira de escritor, tive a sensação de ser um escritor útil. Sem me identificar, li diversas vezes aquelas minhas diretrizes, comprei o desejado par de tênis e, então, saí da loja sentindo a maior das satisfações. "O porão" descreve a meia-volta que dei em plena Reichenhallerstrasse, o momento em que, certa manhã, em vez de seguir para o ginásio, rumei para a Secretaria do Trabalho à procura de um posto de aprendiz, e relata tudo que se seguiu. No parque do castelo Klessheim, antes da solenidade da entrega do prêmio, eu dispunha agora da tranquilidade e do tempo necessários para me entregar à melancolia que ali se abatera sobre mim, e me entreguei a ela de bom grado. Percorri aqueles muros que conhecia tão bem — de início, sozinho; depois, na companhia de amigos —, muros ao longo dos quais, pensava comigo, eu me esgueirara depois do fim da guerra com o intuito de, no crepúsculo, atravessar a fronteira proibida e fortemente armada. Há 35 anos. Naquele castelo, Hitler pretendeu montar residência. Mas onde está Hitler? Naquele castelo, haviam pernoitado diversas vezes os presidentes Nixon e Ford, dos Estados Unidos, assim como a rainha da Inglaterra. Agora, ele abrigava a mundialmente famosa escola de hotelaria vinculada à Câmara Austríaca do Comércio e da Indústria. E seus estudantes de hotelaria prepararam uma mesa esplendorosa e uma refeição magnífica para todos que participavam da solenidade, tanto os premiados quanto os demais convidados. A entrega dos prêmios teve lugar no saguão, em cerimônia aberta por um quarteto ou quinteto. Como comerciantes não são dados a grandes discursos, o presidente da Câmara Austríaca do Comércio e da Indústria foi sucinto. Um por um, os três agraciados ouviram de eméritos professores universitários um discurso de louvor em sua homenagem, discurso este que buscava fundamentar cada premiação. Eu tinha inventado uma forma absolutamente nova de autobiografia, ouvi. Uma vez entregues os respectivos cheques — o meu, no valor de 50 mil xelins —, o quarteto ou quinteto encerrou a cerimônia matinal. Em seguida, como convém a ambientes desse tipo, cada um tomou seu lugar a uma mesa adornada de plaquinhas manuscritas com o nome de cada convidado. E lá estava eu, para minha surpresa, sentado bem ao lado do presidente da

Câmara de Comércio de Salzburgo, Haidenthaller, que, tão logo me sentei, chamou minha atenção para o fato de que havia sido ele o examinador quando de minha prova oral de conclusão do aprendizado como auxiliar de comerciante. Disse-me que se lembrava ainda muito bem daquela ocasião, mais de trinta anos antes. Pois é, disse eu, também me lembro. O presidente Haidenthaller falava baixo, e seu modo de falar me agradou. Diante de mim, à mesa, estava sentada minha tia, e, à minha esquerda, meu editor de Salzburgo. Quando meu vizinho da direita, o presidente Haidenthaller, fez uma pausa mais longa em nossa conversa, meu editor sussurrou-me no ouvido que Haidenthaller sofria de uma doença terminal e que tinha ainda, talvez, mais duas semanas de vida, se tanto: câncer, sussurrou-me o editor. Quando, então, o sr. Haidenthaller tornou a se voltar para mim, nossa conversa, naturalmente, adquiriu outra dimensão. Passei a tratar com muito mais cautela aquele distinto senhor, o qual, como eu sabia, provinha de uma das famílias mais antigas de Salzburgo, de uma dinastia de proprietários de moinhos, e, conforme se revelou mais tarde, tínhamos inclusive uma relação de parentesco. Ele havia lido "O porão", disse-me, e mais nada. Na prova de auxiliar de comerciante, perguntara-me sobre diversos tipos de chá chinês, e eu lhe dera as respostas certas. Aquela era sempre a pergunta mais difícil, disse. O almoço transcorria na maior descontração possível, como acontece entre os comerciantes. Hoje, prosseguiu ele, os aprendizes não conheciam mais tantos tipos de chá, nem mesmo de café; cerca de cem tipos de chá e cem tipos de café, centenas de variedades de chá e café, diferentes no aspecto e no aroma: era a pergunta mais espinhosa da prova, repetiu o sr. Haidenthaller. Durante todo o resto da conversa com ele, eu naturalmente pensava no que meu editor havia me dito, na morte iminente e inescapável de meu vizinho de mesa. O tempo todo eu pensava no que dizer a meu outrora examinador na prova final de auxiliar de comerciante, de modo a tornar seu almoço o mais agradável possível. Trocamos algumas lembranças de nossa cidade natal, Salzburgo, mencionamos uma série de nomes de conhecidos comuns, rimos duas ou três vezes e, numa delas, chamou-me até a atenção o fato de meu vizinho de mesa rir alto. Será que ele sabia que iria morrer tão logo? Ou será que aquilo não passava de um boato maldoso? Conversar com alguém que, sabe-se, vai morrer tão logo não é nada fácil. No fundo, fiquei feliz quando tiraram a mesa e todos que tinham participado do almoço se despediram. A comemoração, que começara tão bonita, acabava em tristeza. Nos dias que se seguiram à outorga do prêmio no castelo Klessheim, quando eu lia as notícias no café que frequentava com o propósito específico de ler jornal, sempre lia primeiro a coluna das notas de falecimento. Catorze dias já haviam se passado, e o nome Haidenthaller não aparecera ali, nem nas notas de falecimento, nem nos anúncios fúnebres. Contudo, no décimo quinto ou décimo sexto dia, lá estava o nome no jornal, em letras grandes, envoltas por tarja preta. Meu editor errara tão somente por um ou dois dias, não espalhara boato nenhum. Sentado no café, eu observava as gaivotas diante da janela, apanhando com avidez das águas revoltas do lago as migalhas de pão que as senhoras aposentadas atiravam e partindo aos guinchos, e de súbito tornei a ouvir tudo que o sr. Haidenthaller havia me dito à mesa no castelo Klessheim, com extremo comedimento e com a nobreza que devia a sua classe e a sua antiquíssima família. Se eu não tivesse ganhado o Prêmio Literário da Câmara Austríaca do Comércio e da Indústria, não teria reencontrado o sr. Haidenthaller, nem saberia tanto sobre meus próprios antepassados quanto depois daquele nosso reencontro; ele conhecera bem minha família.

O Prêmio Büchner

Ganhei o Prêmio Büchner em 1970, quando a chamada revolução estudantil de 1968, enfraquecida por seu caráter de revolta apenas romântica e, portanto, inteiramente malsucedida e diletante, infelizmente já havia entrado para a história como uma tentativa inepta de fazer uma revolução. A falta de seriedade daquele protesto havia, por fim, produzido resultado oposto ao pretendido, conduzindo, pois, a uma catástrofe intelectual e a um triste despertar. Ao contrário do que pretendiam, os impulsionadores do movimento, copiado pela metade aos franceses, não tinham reintroduzido na Alemanha o verdadeiro espírito, o melhor dos espíritos, o mais implacável: eles o haviam, antes, como hoje se verifica, banido dali por um bom tempo, graças a um diletantismo que, em vez de revolucionário, era moda surrupiada dos franceses. O panorama intelectual alemão de hoje, está claro, é mais deprimente do que aquele que vigorava antes dos acontecimentos de 1968. O movimento estudantil não foi um movimento como o de Büchner e consortes, mas só uma brincadeira perversa com o tédio intelectual, o que, na Alemanha, possui tradição secular. O Prêmio Büchner está vinculado a um nome que há décadas trato apenas e tão somente com o maior respeito. Quando da conclusão de meu curso no Mozarteum, nem precisei pensar muito para escolher para meu trabalho final de direção teatral o *Leonce e Lena* de Büchner, ao lado de *A bilha quebrada* de Kleist e do *Mannerhouse* de Thomas Wolfe. Mas, como sempre, durante toda a minha vida, só consegui me pronunciar de forma escassa sobre minhas predileções, também sobre Büchner quase nunca me manifestei. O discurso que a Academia Alemã exigia de mim, por ocasião da outorga do Prêmio Büchner, só podia ir de encontro a essa minha escassez de palavras, razão pela qual ele não foi escrito. Pelo contrário. Eu tinha certeza de que, no palco, em Darmstadt, não me era lícito dizer coisa nenhuma sobre Büchner e que, tanto quanto possível, eu não devia nem sequer pronunciar o nome Georg Büchner, o que, aliás, consegui, porque, afinal, disse apenas duas ou três frases em Darmstadt, e elas nada tinham a ver com Büchner. Não devemos a todo momento sair falando sem parar sobre os grandes, atrelando à deles com toda a violência e alarde nossa própria existência miserável e nosso desamparo. É comum que, ao receber a medalha de Kant ou um Prêmio Dürer, as pessoas façam longos discursos sobre Kant ou Dürer, unindo-se a eles por intermédio de fios insossos e espremendo o próprio cérebro sobre o público reunido, como uma enciclopédia apodrecida. Esse modo de proceder não é o meu. Assim sendo, também em Darmstadt eu disse apenas duas ou três frases, as quais, se nada tinham a ver com Büchner, tinham tudo a ver comigo. Afinal, não tinha de explicar Büchner, que não demanda explicação, mas tão somente de fazer um curto pronunciamento sobre mim mesmo e sobre minha relação com o mundo à minha volta, partindo do centro de meu mundo, que é também, e naturalmente só poderá ser — enquanto vida eu tiver, e a ser verdade o que digo —, o centro do mundo em si. Não tenho de fazer uma prece, pensei comigo, e sim de assumir um ponto de vista que só poderá ser o *meu* ponto de vista, se quem fala sou eu. Em suma, pronunciei duas ou três frases. Os ouvintes julgaram que aquilo havia sido uma introdução ao meu discurso, mas não: era o discurso todo. A seguir, fiz uma pequena reverência e percebi que meus ouvintes não estavam satisfeitos comigo. Eu, porém, não fora a Darmstadt para satisfazer ninguém, e sim para buscar meu prêmio, vinculado, aliás, a uma soma de 10 mil marcos, e como, afinal, o próprio Büchner não tinha como saber da existência daquele prêmio — porque morrera muitas décadas antes de alguém ter a ideia de instituí-lo —, tampouco ele tinha algo a ver com a premiação. O Prêmio Büchner tinha a ver, sim, com a Academia Alemã de Língua e Literatura, mas com o próprio Georg Büchner, não. De resto, agradeci à Academia Alemã de Língua e Literatura pelo prêmio, mas, na verdade, agradeci a ela apenas pela soma em dinheiro, porque, no tocante à chamada honra que uma tal distinção representaria, essa, na época em que viajei para Darmstadt, não significava mais nada para mim, que já julgava suspeitas tanto essa honraria como todas as demais. Contudo, eu não tinha motivo para comunicar minhas opiniões à Academia; fiz a mala e viajei com minha tia para Darmstadt apenas porque queria presentear, a ela e a mim mesmo, com um belo passeio pela Alemanha, depois de um tempo tão longo e precário em minha casa, no campo. Os senhores da Academia foram simpaticíssimos, e tive com eles diversas conversas agradáveis e inteiramente inofensivas, até porque não queria que nada perturbasse aquela minha viagem. A solenidade, eu a absorvi como um fato curioso, e também Werner Heisenberg, que, junto comigo, na mesma solenidade, recebeu um prêmio de prosa científica, comentou diversas vezes como era curiosa aquela solenidade; o que pensou o outro premiado, Joachim Kaiser, o famoso crítico do *Süddeutsche Zeitung*, não tenho como saber, porque esse escondia tudo. Quando, depois de recebidos os prêmios, eu disse a Joachim Kaiser, sentado a meu lado na primeira fila, que meu diploma era 33% maior e, portanto, mais pesado que o dele, e que aquilo já demonstrava os pesos diversos das premiações, ele, de todo modo, fez uma careta. Mas tenho de dizer que, mais tarde, num restaurante das proximidades, ele me impressionou com seus conhecimentos musicais, uma surpreendente e concentrada riqueza de conhecimentos diante da qual só pude me calar. De literatura, Kaiser não entende nada. E Heisenberg, justamente o físico nuclear, me perguntou várias vezes por que, afinal, escritores sempre viam infelicidade em toda parte: o mundo, disse-me, não era assim. Naturalmente, não me ocorreu nada que pudesse lhe dizer. A cidade de Darmstadt ofereceu um almoço em minha homenagem, no qual também alguns amigos meus tomaram parte: eu só precisei nomeá-los, e eles foram convidados. Quando, durante o almoço, minha tia disse a seu vizinho de mesa, o ministro Storz, que não apenas Büchner, mas também ela, aniversariava naquele dia, em que, aliás, completava 76 anos de idade, um dos cavalheiros da cidade se levantou e saiu. Passado algum tempo, ele reapareceu, carregando um ramalhete com 76 rosas. E, aqui, é necessário que eu diga que fui a Darmstadt sobretudo para proporcionar a minha tia um belo aniversário, porque, como Büchner, ela nasceu no dia 18 de outubro. Claro que esse não foi o único motivo da viagem, mas foi o principal. Terminado o almoço, minha tia e eu assinamos o Livro Dourado da Cidade de Darmstadt. Sobre a outorga do prêmio, os jornais escreveram mais ou menos o que eu próprio pensava, ainda que de pontos de vista diversos e valendo-se de recursos os mais variados. Está lá, para quem quiser ler. O júri da Academia Alemã — da qual, nesse meio-tempo, me desliguei, porque dela fui eleito membro sem nem mesmo saber e porque não posso defendê-la — é que deve responder pela escolha do meu nome como ganhador do Prêmio Büchner, e não eu.

DISCURSOS

Discurso por ocasião da outorga do Prêmio Literário da Cidade Livre e Hanseática de Bremen

Ilustres presentes,

Não posso me apoiar na lenda dos senhores sobre os músicos de Bremen; não quero contar história nenhuma; não quero cantar; não quero fazer nenhuma pregação; uma coisa, porém, é verdade: as lendas pertencem ao passado, as lendas acerca das cidades, dos Estados e todas as lendas científicas, inclusive as filosóficas; o mundo dos *espíritos* já não existe, e o próprio universo não é mais uma lenda; Europa, a mais bela de todas, está morta; essa é a verdade e a realidade. Assim como a verdade, a realidade não é uma lenda, e a verdade nunca foi lenda nenhuma.

Há apenas cinquenta anos, a Europa ainda era uma só lenda, o mundo todo era um mundo lendário. Hoje, são muitos os que vivem nesse mundo lendário, mas o mundo em que vivem está morto, e mortos estão eles também. Quem não está morto vive, e *não nas lendas: quem vive não é lenda*.

Eu próprio também não sou lenda nenhuma, não venho de um mundo lendário; precisei viver uma longa guerra, vi centenas de milhares morrerem e outros seguirem adiante, por cima dos mortos; na realidade, tudo seguiu adiante; na verdade, tudo se modificou; ao longo de cinco décadas, nas quais tudo foi revolta, tudo mudou, nas quais, de uma lenda milenar, fizeram-se *a* realidade e *a* verdade, tenho sentido um frio cada vez maior, enquanto um mundo novo surgia do velho, uma natureza nova surgia da antiga.

Viver sem lendas é mais difícil, e é por isso que é tão difícil viver no século xx; seguimos *existindo* apenas; não vivemos, ninguém mais vive; mas é bom *existir* no século xx; seguir adiante; *para onde?* Sei que não saí de nenhuma lenda e que não vou entrar em lenda nenhuma, o que já é um progresso, uma diferença entre antes e hoje.

Nós nos encontramos agora num território que é o mais terrível de toda a história. Estamos assustados e, aliás, *assustados enquanto material tão gigantesco dos novos seres humanos* — e do novo conhecimento da natureza, e da *renovação* da natureza; no último meio século, temos sido, todos nós, juntos, nada mais que uma única dor; é essa dor que somos *nós* hoje; essa dor é agora nosso estado de espírito.

Temos sistemas inteiramente novos, temos uma visão do mundo inteiramente nova, uma visão inteiramente nova e, de fato, extraordinária do mundo em torno do mundo, assim como temos uma moral inteiramente nova, e ciências e artes inteiramente novas também. Sentimos tontura e muito frio. Acreditávamos que, por sermos afinal humanos, perderíamos o equilíbrio, mas não perdemos o equilíbrio; e fizemos de tudo para não congelar.

Tudo mudou porque *nós* mudamos tudo, a geografia exterior modificou-se tanto quanto a interior.

Agora, exigimos muito, não nos cansamos de exigir cada vez mais; nenhuma outra época foi tão exigente quanto é a nossa;

existimos megalomaniacamente; mas, como sabemos que não *podemos* cair nem congelar, ousamos fazer o que fazemos. A vida tornou-se ciência apenas, ciência das ciências. Agora, de repente, nos integramos na natureza. Tornamo-nos íntimos dos elementos. *Nós* pusemos à prova a realidade. A realidade *nos* pôs à prova. Agora conhecemos as leis da natureza, as infinitas Leis Supremas da Natureza, e podemos, na realidade e na verdade, estudá-las. Já não dependemos de suposições. Quando contemplamos a natureza, não mais vemos fantasmas. Escrevemos o capítulo mais ousado no livro da história mundial; cada um de nós o escreveu *sozinho*, apavorado, com medo da morte, não em consonância com sua própria vontade ou com seu próprio gosto, mas segundo a lei da natureza, e escrevemos esse capítulo pelas costas de nossos pais cegos e de nossos estúpidos professores, pelas nossas próprias costas; depois de tantos capítulos infindáveis e insossos, o capítulo mais breve e mais importante.

Apavora-nos a claridade *de que subitamente o mundo se reveste para nós*, nosso mundo científico; congelamos nessa claridade; mas quisemos tê-la, fomos nós que a evocamos e, portanto, não nos é lícito reclamar do frio que agora impera. Com a claridade, intensifica-se o frio. Essa claridade e esse frio é que vão imperar de agora em diante. A ciência da natureza vai nos proporcionar uma claridade maior e um frio bem mais feroz do que somos capazes de imaginar.

Tudo se tornará claro, de uma claridade cada vez maior e mais profunda, e tudo se tornará gélido, de uma frieza cada vez mais pavorosa. No futuro, teremos a impressão de um dia sempre claro e sempre frio.

Agradeço aos senhores pela atenção. E agradeço também pela honra que hoje me concederam.

Discurso por ocasião da outorga do Prêmio Nacional Austríaco

Ilustre senhor ministro, ilustres presentes,

Não há nada a louvar, nada a amaldiçoar, nada a condenar, mas muito há de ridículo; tudo é ridículo quando se pensa na *morte*. Vai-se pela vida, perturbado, *im*perturbado, atravessa-se a cena, tudo é intercambiável, escolado em maior ou menor grau no Estado feito de adereços: um equívoco! Compreende-se: um povo sem noção de nada, um belo país — são pais mortos ou de uma conscienciosa inconsciência, gente simplória e vil, com a pobreza de suas necessidades... É tudo uma história pregressa altamente filosófica e insuportável. As épocas são imbecis; o demoníaco em nós, um cárcere pátrio permanente, no qual os elementos da burrice e da falta de consideração se transformaram em necessidade básica cotidiana. O Estado é uma construção condenada para todo o sempre ao fracasso; o povo, à infâmia e à fraqueza mental ininterruptas. A vida é desesperança, na qual se apoiam as filosofias, um desespero que, em última instância, conduz todos à loucura.

Nós somos austríacos, somos apáticos; somos a vida sob a forma de um desinteresse abjeto na vida, somos, no processo da natureza, a megalomania sob a forma de futuro.

Tudo que temos a relatar é que somos deploráveis, presas, pela força da imaginação, de uma monotonia filosófico-econômico-mecanicista.

Um meio cujo fim é o declínio, criaturas da agonia; se algo se explica, não entendemos. Povoamos um trauma, temos medo, temos o direito de ter medo, porque logo vemos, ainda que ao fundo, sem nitidez, os gigantes do medo.

Tudo que pensamos foi pensado *depois*; o que sentimos é caótico; o que somos não está claro.

Não precisamos nos envergonhar, mas afinal não *somos* nada e não merecemos nada além do caos.

Em meu nome e em nome dos demais agraciados, agradeço ao júri e, expressamente, a todos os presentes.

Discurso por ocasião da outorga do Prêmio Georg Büchner

Ilustres presentes,

Aquilo de que falamos não foi investigado; não vivemos, mas conjecturamos e existimos como hipócritas, desconcertados, numa fatal e, em última instância, letal incompreensão da natureza, uma incompreensão em que hoje nos perdemos graças à ciência; os fenômenos nos são mortais, e as palavras que, por desamparo, manipulamos em nossa cabeça, milhares, centenas de milhares de palavras gastas, perceptíveis em todas as línguas e em todas as situações como mentiras infames derivadas de uma verdade infame, ou, ao contrário, como verdade infame derivada de mentiras infames; as palavras que dizemos e escrevemos a nós mesmos, que ousamos silenciar quando falamos; as palavras feitas de nada, palavras que nada são e de nada servem, como bem sabemos e ocultamos; as palavras às quais nos aferramos, porque enlouquecidos pela impotência e privados de toda e qualquer esperança pela loucura; as palavras apenas infectam e ignoram, apagam e pioram, envergonham e falsificam e aleijam e ensombrecem e obscurecem as coisas; vindas da boca ou do papel, elas profanam por meio daqueles que as profanam; o caráter das palavras e de seus profanadores é desavergonhado; o estado de espírito das palavras e de seus profanadores é o do desamparo, da felicidade, da catástrofe...

Dizemos que estamos representando uma peça teatral, sem dúvida estendida ao infinito... mas o teatro, no qual estamos preparados para tudo sem sermos competentes em nada, sempre foi, desde que aprendemos a pensar, um teatro da velocidade crescente e das deixas perdidas... primeiramente, um teatro dos corpos — em segundo lugar, um teatro do medo do espírito e, portanto, do medo da morte... não sabemos se se trata da tragédia por amor à comédia ou da comédia por amor à tragédia... mas tudo tem a ver com pavor, com miséria, com incapacidade mental... nós pensamos, mas nos calamos: quem pensa, dissolve, suspende, catastrofiza, demole, decompõe, porque o pensar é, logicamente, a dissolução coerente de todos os conceitos... O que somos é (e isto é história, é o estado de espírito da história): o medo, o medo do corpo e do espírito, e o medo da morte enquanto força criativa... O que publicamos não é idêntico ao que é, o choque é outro, a existência é outra, nós somos outros, o insuportável é outra coisa, não é a doença, não é a morte, são bem outras as relações, outras as situações...

Dizemos ter direito ao que é justo, mas só temos direito ao que é injusto...

O problema é dar conta do trabalho — e isso significa da resistência interior, da estupidez exterior... isso significa passar por cima de mim mesmo e de cadáveres de filosofias, de toda a literatura, de toda a ciência, de toda a história, de tudo... é uma questão de constituição espiritual e de concentração espiritual, e do isolamento, da distância... da monotonia... da utopia... da idiotia...

O problema é, sempre, dar conta do trabalho, tendo em mente nunca, jamais dar conta de coisa nenhuma... esta é a questão: seguir em frente, sem consideração, ou parar, pôr um ponto final... a questão é a dúvida, a desconfiança e a impaciência.

Agradeço à Academia e agradeço aos senhores pela atenção.

Sobre meu desligamento

A eleição de Scheel, o ex-presidente da República, para membro honorário da Academia de Língua e Literatura ofereceu-me apenas o último e definitivo pretexto para que eu me afastasse dessa Academia de Língua e Literatura, a qual, na minha opinião, pouco ou nada tem a ver com língua ou com literatura e cujo direito à existência haverá certamente de negar, sem nenhum drama de consciência, todo aquele capaz de pensar de forma sensata. Há anos me pergunto qual o sentido dessa chamada Academia de Darmstadt, e sempre me vi obrigado a dizer a mim mesmo que esse sentido não pode residir no fato de uma associação, fundada em última instância apenas com o frio propósito de oferecer a seus vaidosos membros um espelho no qual se mirar, reunir-se duas vezes por ano para se autoincensar e, depois de consumir lautos pratos e bebidas servidos nos melhores hotéis da cidade, em viagem luxuosa e cara paga pelo Estado, conversar por uma semana sobre uma papa literária insípida e rançosa. Se *um único* poeta ou escritor é já ridículo e, onde quer que seja, quase insuportável para a sociedade humana, tanto mais ridícula e impensável é toda uma horda amontoada de escritores, poetas e de gente que se julga uma coisa ou outra! No fundo, todos esses dignitários em viagem paga pelo Estado se encontram em Darmstadt para, depois de um ano inteiro de ódio mútuo e impotente, poder ainda, ali, aborrecer uns aos outros por mais algum tempo. A tagarelice de escritores nos saguões dos hotéis de cidadezinhas alemãs é, por certo, o que se pode conceber de mais repugnante. Seu fedor, porém, torna-se ainda mais fedorento quando ela é subvencionada pelo Estado. Hoje em dia, aliás, todo esse vapor das subvenções fede até não poder mais! Poetas e escritores não devem ser subvencionados, e menos ainda lhes cabe pertencer a uma academia subvencionada; devem, sim, ser deixados por sua própria conta.

A Academia de Língua e Literatura (o nome mais absurdo do mundo!), porém, publica regularmente um *Anuário*, e talvez pelo menos esse anuário faça sentido. Só que, nesse *Anuário*, publicam-se sempre e somente ensaios, como eles são chamados, já recobertos de poeira antes mesmo de serem compostos, textos que, como disse, nada têm a ver com língua ou com literatura, e que não têm absolutamente nada a ver com o espírito, porque provêm das máquinas de escrever emperradas de falastrões ordinários, de *Gschaftlhuber*, como diríamos na Áustria, gente sem cérebro que se julga ocupada e importante. E o que mais contém o *Anuário da Academia*, além de textos insípidos? Uma longa lista de todas aquelas obscuras distinções, possíveis e impossíveis, que essas minhocas do espírito "receberam" no decorrer do ano anterior. A quem interessa isso, a não ser às próprias minhocas? E, além dessa lista, não se há de esquecer outra, uma hipócrita "lista dos mortos" com embaraçosos necrológios, uma espécie de pôquer dos acadêmicos falecidos, cada um deles mais lamentável e idiota que o anterior. É uma pena que esse *Anuário* seja impresso em papel tão precioso, mas inadequado para alimentar meu forno em Ohlsdorf. Toda vez que o carteiro descarrega esse entulho lá em casa, sempre me causa a maior dificuldade.

Contudo, alguém poderá argumentar, a Academia de Língua e Literatura (e os inventores desse nome merecem ser agraciados *a posteriori* com seu próprio prêmio!) concede o Prêmio Büchner, a mais prestigiosa distinção literária, por assim dizer, de toda a Alemanha. Eu, porém, não compreendo por que o Prêmio Büchner é outorgado por essa obscura Academia, uma vez que, para outorgá-lo, ninguém precisa de academia nenhuma. E menos ainda de uma Academia de Língua e Literatura que nada representa senão a curiosidade conceitual e linguística que traz no nome. Pessoalmente, não levei muito a sério minha eleição, há exatos, como se diz, sete anos. Somente pouco a pouco fui tomando consciência do caráter duvidoso da Academia de Darmstadt, e só passei a levar de fato a sério, e de imediato, esse caráter duvidoso no momento em que li que Walter Scheel havia sido eleito, quando, então, me desliguei de pronto. Se o sr. Scheel vai entrar para a Academia, então eu saio já, pensei comigo.

Ao sr. Scheel e à Academia de Língua e Literatura — que considero o que há de mais desnecessário tanto para a Alemanha como para o resto do mundo, e que aos poetas (de verdade!) e aos escritores (de verdade!) acarreta mais prejuízos que benefícios — desejo tudo de bom. Quando morre um de seus membros, a Academia de Darmstadt (de língua e literatura!) sempre envia automaticamente um anúncio fúnebre, um cartão emoldurado por tarja preta, contendo sempre o mesmo necrológio (discutível do ponto de vista tanto da língua como da literatura). Talvez eu ainda veja o dia em que ela enviará um desses anúncios fúnebres em memória não de um de seus honrados membros, mas de si própria.

Sobre esta edição

Num encontro ocorrido em 23 de agosto de 1988, em Ohls-dorf, Thomas Bernhard — seis meses antes de sua morte — relatou a Siegfried Unseld quais eram seus planos no tocante a futuras publicações. Num relato de viagem, o editor cita as palavras do autor da seguinte maneira: "Ele disse ter feito nova revisão de 'Neufundland' [Terra Nova], que estaria pronto, mas hesita ainda em publicá-lo porque, segundo disse, está trabalhando em outro texto em prosa, que ficará pronto ainda este ano; não sabe qual dos dois publicar primeiro. Em março de 1989, devemos receber esse texto, juntamente com uma comédia que ele provavelmente já terminou de escrever".

Entre os escritos deixados por Thomas Bernhard encontra-se um maço de papéis bastante heterogêneo (Arquivo Thomas Bernhard, Gmunden, de SL 12.14/1 a SL 12.14/13). O maço é constituído de folhas datilografadas que contêm esboços diversos (nenhum deles com mais de três páginas) de um texto em prosa intitulado "Neufundland", um romance cuja versão completa, de acordo com seu autor, deveria ter extensão semelhante à de

Árvores abatidas, ou seja, cerca de trezentas páginas. A essas folhas acrescem-se ainda outras cinquenta páginas datilografadas, corrigidas pelo autor e numeradas à mão, que ostentam na primeira página o nome Thomas Bernhard, escrito à máquina acima do título "Meus prêmios".

Na margem inferior direita dessa página inicial, Bernhard anotou à mão: 9 *Preise von 12 od. 13* [9 de 12 ou 13 prêmios] (p. 104).

Integram esse mesmo maço de papéis dois esboços datilografados do discurso relativo ao recebimento do Prêmio Literário de Bremen, em 1965; uma cópia feita com papel-carbono do discurso definitivo de agradecimento; uma cópia feita com papel-carbono do discurso proferido por ocasião da entrega do Prêmio Nacional Austríaco (1968); e diversos escritos enviados ao autor referentes tanto ao Prêmio Nacional como ao Prêmio Anton Wildgans. É parte também desse mesmo material uma cópia do artigo de Hans Rochelt sobre a outorga do Prêmio Nacional ("Zerstörte Idylle" [Idílios destruídos]), publicado na edição de 5 de março de 1968 do jornal *Oberösterreichische Nachrichten*.

Com base nesse maço de papéis encontrado no legado de Thomas Bernhard, pode-se supor que, como anunciara, o autor pretendia entregar a seu editor, "em março de 1989", o original datilografado de *Meus prêmios*, escrito em 1980 e ligeiramente retrabalhado, a fim de que o livro fosse publicado. Essa suposição apoia-se, por um lado, no fato de que Bernhard já optara por esse mesmo tipo de procedimento quando da publicação (no início de 1989) do último livro que escreveu em vida: *In der Höhe. Rettungsversuch. Unsinn* [Nas alturas. Tentativa de salvação. Absurdo] é a versão corrigida de um original datado, segundo o autor, de 1959. Por outro lado, Bernhard recorreu a trabalhos mais antigos porque, nos últimos meses de 1988, sua saúde já não lhe permitia datilografar o manuscrito de um romance de mais de trezentas páginas impressas.

Não existe comprovação escrita ou oral, por parte do autor, de que o "texto em prosa" mencionado por Bernhard a Unseld fosse de fato *Meus prêmios*. Comprovável é, no entanto, que o original datilografado por ele se destinava à publicação. Na última página (p. 108), na qual ele apôs suas iniciais abaixo da palavra *Ende* [fim] com caneta preta e grossa de feltro — como costumava fazer —, lê-se a instrução para que sejam acrescentados ao manuscrito os discursos relativos ao Prêmio Literário de Bremen, ao Prêmio Nacional Austríaco e ao Prêmio Georg Büchner, bem como sua declaração de desligamento da Academia Alemã de Língua e Literatura de Darmstadt.

A indicação mais evidente acerca da data da escritura de *Meus prêmios* consta do próprio livro. Bernhard escreve: "Por essa razão, aliás, desliguei-me recentemente da chamada Academia de Darmstadt [...]" (p. 74). Esse desligamento, Thomas Bernhard o fundamentou em artigo para o *Frankfurter Allgemeine Zeitung* de 8 de dezembro de 1979.

Ainda que menos preciso, outro indício relativo à data da escritura deste livro se encontra no capítulo dedicado à outorga do Prêmio Literário da Câmara Austríaca do Comércio e da Indústria, ocorrida em 1978: "Percorri aqueles muros [do castelo Klessheim] que conhecia tão bem — de início, sozinho; depois, na companhia de amigos —, muros ao longo dos quais, pensava comigo, eu me esgueirara depois do fim da guerra com o intuito de, no crepúsculo, atravessar a fronteira proibida e fortemente armada. Há 35 anos" (p. 79). Como a família Bernhard se mudou de Traunstein, na Baviera, para Salzburgo em 1946, essa passagem aponta para o ano de 1980 ou 1981 como data de surgimento de *Meus prêmios*.

Tal datação é corroborada pela época em que Thomas

Thomas Bernhard

Meine Preise

Bernhard se lançou à escritura de O sobrinho de Wittgenstein. Ele o fez em janeiro de 1982 e, ali, recorre a passagens de Meus prêmios, as quais, no entanto, reformula (cf. pp. 105-18 da edição original, Frankfurt am Main: Suhrkamp, 1982, Bibliothek Suhrkamp, Band 788; ou Werke, Band 13, Frankfurt am Main: Suhrkamp, 2008, pp. 270-9). Isso significa que Meus prêmios foi escrito entre o começo de 1980 e o final de 1981. Como, em carta a Gerhard Ruiss (in Staatspreis. Der Fall Bernhard. Org. Alfred Goubran. Klagenfurt: Selene, 1997, pp. 12 ss.) datada de 16 de dezembro de 1980, Bernhard fala de seus prêmios literários em termos que se valem do manuscrito de Meus prêmios, pode-se definir o ano de 1980 como aquele da escritura do livro.

A edição alemã de Meus prêmios segue a ortografia e a pontuação do manuscrito de Bernhard. Erros de datilografia foram corrigidos; em alguns casos, vírgulas prejudiciais ao sentido foram excluídas; em outras passagens, vírgulas foram inseridas a fim de melhorar a compreensão do texto. Palavras idênticas escritas de modos diferentes tiveram sua ortografia padronizada, e tudo quanto o autor sublinhou aparece em itálico, assim como em itálico figuram títulos de livros, nomes de jornais etc. O manuscrito original já havia sido inteiramente revisado por Thomas Bernhard, razão pela qual apenas sete intervenções se fizeram necessárias, todas elas claramente determinadas pelo contexto (trata-se, em todos os casos, da inserção ou eliminação de uma única palavra).

A instrução constante da última página do manuscrito (p. 108), segundo a qual três discursos e a declaração de desligamento do autor da Academia de Língua e Literatura de Darmstadt deveriam ser acrescidos ao livro, não é suficientemente clara, na medida em que não exclui uma segunda possibilidade de leitura: talvez Bernhard quisesse posicionar cada um dos discursos no final do capítulo correspondente ao prêmio em questão. Não se optou por

Der Grillparzerpreis

Zur Verleihung des Grillparzerpreises der Akademie der Wissenschaften
in Wien musste ich mir einen Anzug kaufen,denn ich hatte plötzlich zwei
Stunden vor dem Festakt eingesehen,dass ich zu dieser zweifellos ausser-
ordentlichen Zeremonie nicht in Hose und Pullover erscheinen könne und
so hatte ich tatsächlich auf dem sogenannten Graben den Entschluss
gefasst,auf den Kohlmarkt zu gehen und mich entsprechend feierlich ein-
zukleiden,zu diesem Zwecke suchte ich das ~~mehreren Sockeneinkäufen~~ her
bestens bekannte Herrengeschäft mit dem bezeichnenden ~~████~~ Sir Anthony
auf,wenn ich mich recht erinnere,war es Dreiviertelzehn als ich den Salon
des Sir Anthony betrat,die Verleihung des Grillparzerpreises sollte um
elf stattfinden,ich hatte also noch eine Menge Zeit.Ich hatte die Ab-
sicht,mir (wenn schon von der Stange,so doch den besten) ████ Reinwollanzug in Anthrazit anzuschaffen,dazu die passen-
den Socken,eine Krawatte und ein Hemd von Arrow,ganz fein,graublau ge-
streift.Die Schwierigkeit, sich in den sogenannten feineren Geschäften
gleich verständlich zu machen,ist bekannt,auch wenn der Kunde sofort
und auf die präziseste Weise sagt,was er will,wird er zuerst einmal un-
gläubig angestarrt,bis er seinen Wunsch wiederholt hat.Aber natürlich
hat der angesprochene Verkäufer auch dann noch nicht begriffen.So dauerte
es auch damals im Sir Anthony länger als notwendig,zu den in Frage kommenden Regalen geführt zu werden.Tatsächlich waren mir die Umstände in diesem
Geschäft ~~von meinen Sockeneinkäufen her schon bekannt~~ und ich selbst
wusste besser als der Verkäufer,wo ich den gesuchten Anzug zu finden habe.
Ich schritt auf das Regal mit den in Frage kommenden Anzügen zu und ich
deutete auf ein ganz bestimmtes Exemplar,das der Verkäufer von der Stange
herunternahm,um es mir vor die Augen zu halten.Ich prüfte die Stoffqua-
lität und machte sogleich in der Kabine eine Probe.Ich beugte mich ein
paarmal vor und lehnte mich zurück und fand,dass mir die Hose passte.Ich
zog den Rock an,drehte mich ein paarmal vor dem Spiegel,hob die Arme und
senkte sie wieder,der Rock passte wie die Hose.Ich ging ein paar Schritte
mit dem Anzug durch das Geschäft und suchte mir bei dieser Gelegenheit
das Hemd und die Socken aus.Schliesslich sagte ich,dass ich den Anzug an-
behalten und auch noch das Hemd und die Socken anziehen wolle.Ich suchte
mir eine Krawatte aus,band sie mir um,zog sie so weit als möglich zu,
begutachtete mich noch einmal im Spiegel,bezahlte und ging hinaus.
Meine alte Hose und meinen Pullover hatten sie mir in eine Tasche mit
der Aufschrift Sir Anthony gepackt,so,mit dieser Tasche in der Hand,ging
ich über den Kohlmarkt,um mich mit meiner Tante zu treffen,mit welcher
ich verabredet gewesen war im Restaurant Gerstner auf der Kärtnerstrasse,
im ersten Stock.Beim Gerstner wollten wir noch kurz vor der Feierlichkeit

dem Minister Storz,gesagt hatte,)
barn......ase nicht nur Büchner an diesem Tage Geburtstag habe,sondern
sie selbst auch und zwar den sechsundsiebzigsten,war einer der Stadtherren
aufgestanden und hinausgegangen.Etwas später war er mit einem Strauss mit
sechsundsiebzig Rosen wieder hereingekommen.Und hier muss ich sagen,dass
ich vor allem nach Darmstadt gereist bin,um meiner Tante einen schönen Geburtstag zu machen,denn sie hat,wie Georg Büchner,am achtzehnten Oktober
Geburtstag.Natürlich war das nicht der einzige Grund,aber es war der Haupt-
grund gewesen.Meine Tante und ich haben uns am Ende des Essens in das Gold-
ene Buch der Stadt Darmstadt eingetragen.Die Zeitungen schrieben über die
damalige Preisverteilung,wenn auch aus unterschiedlichen Perspektiven und
mit den unterschiedlichsten Mitteln etwa das,was ich selbst dachte.Es ist
nachzulesen.Die Jury der Deutschen Akademie,aus welcher ich inzwischen
ausgetreten bin,weil sie mich einmal ohne mein Wissen zu ihrem Mitglied
, und weil sie von mir nicht mehr wetretbar gewesen ist,)
gewählt hat,hat meine Wahl zum Büchnerpreisträger zu verantworten,nicht
ich.

Dazu:

Ansprachen Bremer
     Staats
     Büchnerpreis
     Mein Austritt(Aus d.deutschen Akademie)

        Ende

essa sequência dos textos em virtude da inexistência de qualquer testemunho oral ou escrito conhecido a atestar semelhante intenção do autor.

Os três discursos foram reproduzidos com base nas seguintes fontes:

O discurso pela outorga do Prêmio Literário da Cidade Livre e Hanseática de Bremen, ou Prêmio Literário da Fundação Rudolf Alexander Schröder — como ele se chamava oficialmente na época —, segue a publicação "Mit der Klarheit nimmt die Kälte zu". In *Jahresring 65/66*. Stuttgart, 1966, pp. 243-5.

O discurso pela outorga do Prêmio Nacional Austríaco de Literatura foi extraído de *Über Thomas Bernhard*. Org. Anneliese Botond. Frankfurt am Main, 1970, pp. 7 ss.

O discurso por ocasião da entrega do Prêmio Büchner foi reproduzido de acordo com o texto "Nie und mit nichts fertig werden". In *Jahrbuch 1970*. Heidelberg/Darmstadt, 1971, pp. 83 ss.

Raimund Fellinger

O tradutor agradece o apoio do Colégio Europeu de Tradutores de Straelen (EÜK - Europäisches Übersetzer-Kollegium) e do Serviço Alemão de Intercâmbio Acadêmico (DAAD — Deutscher Akademischer Austauschdienst). *Meus Prêmios* foi traduzido em Straelen, na Alemanha, de abril a junho de 2011.

ESTA OBRA FOI COMPOSTA PELA SPRESS EM ELECTRA E IMPRESSA EM OFSETE
PELA GRÁFICA BARTIRA SOBRE PAPEL PÓLEN BOLD DA SUZANO PAPEL E CELULOSE
PARA A EDITORA SCHWARCZ EM AGOSTO DE 2011